초판 발행일 | 2025년 1월 10일
지은이 | 해람북스 기획팀
펴낸이 | 최용섭
총편집인 | 이준우
기획진행 | 김미경
표지디자인 | 김영리

주소 | 서울시 용산구 한남대로 11길 12, 6층
문의전화 | 02-6337-5419
팩스 | 02-6337-5429
홈페이지 | https://class.edupartner.co.kr

발행처 | ㈜미래엔에듀파트너
출판등록번호 | 제2020-000101호

ISBN 979-11-6571-221-1 13000

이 책은 저작권법에 따라 보호받는 저작물이므로 무단전재와 무단복제를 금지하며, 이 책 내용의 전부 또는 일부를 이용하려면 반드시 저작권자와 ㈜미래엔에듀파트너의 서면동의를 받아야 합니다.

※ 잘못된 책은 바꾸어 드립니다.
※ 책 가격은 뒷면에 있습니다.

상담을 원하시거나 아이가 컴퓨터 수업에 참석할 수 없는 경우에 아래 연락처로 미리 연락주시기 바랍니다.

★ 컴퓨터 선생님 성함 : _____   ★ 내 자리 번호 : _____

★ 컴퓨터 교실 전화번호 : _____

★ 나의 컴교실 시간표   요일 : _____   시간 : _____

※ 학생들이 컴퓨터실에 올 때는 컴퓨터 교재와 필기도구를 꼭 챙겨서 올 수 있도록 해 주시고, 인형, 딱지, 휴대폰 등은 컴퓨터 시간에 꺼내지 않도록 지도 바랍니다.

시간표 및 출석 확인란입니다. 꼭 확인하셔서 결석이나 지각이 없도록 협조 바랍니다.

_____ 월

월	화	수	목	금

시간표 및 출석 확인란입니다. 꼭 확인하셔서 결석이나 지각이 없도록 협조 바랍니다.

_____ 월

월	화	수	목	금

시간표 및 출석 확인란입니다. 꼭 확인하셔서 결석이나 지각이 없도록 협조 바랍니다.

_____ 월

월	화	수	목	금

나의 타자 단계

이름 : _____

⭐ 오타 수가 5개를 넘지 않는 친구는 선생님께 확인을 받은 후 다음 단계로 넘어가서 연습합니다.

자리 연습	1단계	2단계	3단계	4단계	5단계	6단계	7단계	8단계
보고 하기								
안 보고 하기								

낱말 연습	1단계	2단계	3단계	4단계	5단계	6단계	7단계	8단계
보고 하기								
안 보고 하기								

자리연습	1번 연습	2번 연습	3번 연습	4번 연습	5번 연습	6번 연습	7번 연습	8번 연습
10개 이상								
20개 이상								
30개 이상								

컴퓨터와 인사하기

- **01** 컴퓨터와 인사하기 ······ 6
- **02** 키보드와 떠나는 타자 모험 ······ 11
- **03** 나만의 바탕화면 꾸미기 ······ 16
- **04** 화면 보호기 설정하기 ······ 23
- **05** 메모장으로 이모티콘 만들기 ······ 28
- **06** 계산기로 수학 문제 풀기 ······ 33
- **07** 그림판으로 피자 그리기 ······ 39
- **08** 알림 영역 활용하기 ······ 47
- **09** 사진 앱으로 사진 감상하기 ······ 53
- **10** 추억 가득 사진 편집하기 ······ 59
- **11** 윈도우 창 알아보기 ······ 66
- **12** 인터넷 탐험하기 ······ 72
- **13** 쥬니어 네이버 탐험하기 ······ 79
- **14** 원하는 이미지로 배경화면 만들기 ······ 85
- **15** 캡처 도구 이용하기 ······ 90
- **16** 오토드로우로 그림 그리기 ······ 96
- 솜씨 어때요? ······ 103

01 컴퓨터와 인사하기

학습목표
- 컴퓨터의 구성 장치에 대해 알아봐요.
- 마우스 사용법을 알아봐요.

미션 1 컴퓨터의 구성 장치를 알아보아요.

① 컴퓨터의 기본 장치에 대해 알아봅니다.

❶ **모니터** : 컴퓨터에서 처리하는 모든 과정을 사용자가 화면으로 확인할 수 있도록 보여주는 '출력 장치'입니다.
❷ **키보드** : 컴퓨터에 문자나 숫자를 입력할 때 사용하는 '입력 장치'입니다.
❸ **마우스** : 커서 또는 아이콘 등을 이동시키고 단추를 클릭하여 프로그램을 실행하는 '입력 장치'입니다.
❹ **스피커** : 컴퓨터를 통해 재생되는 소리(음악)를 들을 수 있는 '출력 장치'입니다.
❺ **본체** : 컴퓨터를 동작하는 주요 부품들이 들어 있는 장치입니다.

> **Tip**
> 컴퓨터의 부팅 및 종료 순서 알아보기
> - 컴퓨터 켜기(부팅) 순서 : 모니터를 켜고 컴퓨터 본체의 '전원' 버튼을 눌러요.
> - 컴퓨터 끄기(종료) 순서 : 모니터의 [시작(⊞)]-[전원]-[시스템 종료]를 클릭해요.

② 컴퓨터의 주변 장치에 대해 알아봅니다.

❶ **프린터** : 컴퓨터 모니터에 보이는 정보(문서, 그림 등)를 종이에 인쇄하는 '출력 장치' 입니다.
❷ **스캐너** : 문서나 그림 같은 아날로그 자료를 복사기에 복사하듯 디지털 자료로 입력 받아 컴퓨터에 기록하는 '입력 장치'입니다.
❸ **헤드폰(이어폰)** : 스피커 부분이 두 귀를 덮어 컴퓨터에서 재생되는 소리(음악)를 들을 수 있는 '출력 장치'입니다.
❹ **화상 카메라** : 사용자의 모습을 모니터를 통해 확인할 수 있는 '출력 장치'로, 주로 영상 통화나 온라인 수업에 사용됩니다.

 문제

다음 중 출력 장치가 아닌 것을 골라 보세요.

❶ 모니터

❷ 프린터

❸ 스피커

❹ 스캐너

미션 2 마우스 사용법을 알아보아요.

1 컴퓨터를 편리하게 사용하기 위해 마우스의 조작 방법을 알아봅니다.

	움직이기	마우스를 마우스 패드 위에 놓고 손으로 움직여요. 그러면 화면의 마우스 커서(화살표)가 따라 움직여요.
	클릭	마우스의 왼쪽 단추를 한 번 누르는 것으로, 프로그램 또는 파일 등 원하는 개체를 선택할 때 사용해요.
	더블클릭	마우스 왼쪽 단추를 빠르게 두 번 누르는 것으로, 프로그램을 실행할 때 사용해요.
	우클릭	마우스 오른쪽 단추를 한 번 누르는 것으로, 추가 메뉴를 실행할 수 있어요.
	드래그	마우스 왼쪽 단추를 누른 상태로 움직이는 것으로, 아이콘 또는 파일 등을 원하는 위치로 이동시킬 때 사용해요.
	휠	마우스 가운데 바퀴 모양으로 생긴 것으로, 실행 화면을 위 또는 아래로 이동할 때 사용해요.

 **배운 내용을 확인해 보아요.**

1 다음 마우스 동작으로 알맞은 내용을 선으로 연결해 보세요.

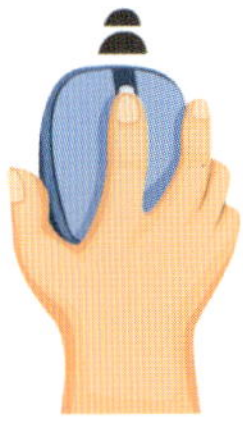 휠	•	•	파일을 선택해요.
 마우스 우클릭	•	•	화면을 위 또는 아래로 이동해요.
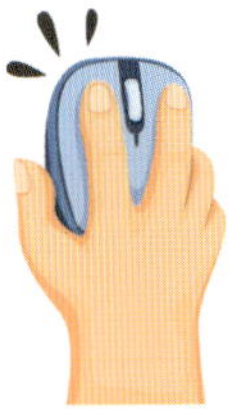 클릭	•	•	추가 메뉴를 실행해요.
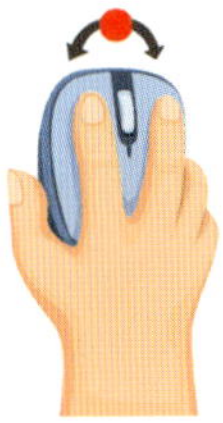 드래그	•	•	프로그램을 실행해요.
 더블클릭	•	•	마우스 커서를 움직여요.
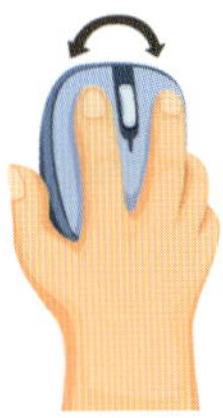 움직이기	•	•	아이콘 또는 파일을 이동해요.

01 혼자 할 수 있어요!

01 다음 컴퓨터 구성 장치를 비슷한 장치끼리 선으로 연결해 보세요.

모니터

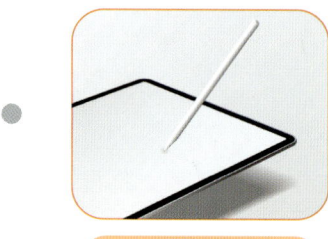
터치 펜

헤드셋

복사기

마우스

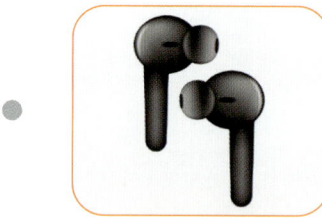
이어폰

프린터

TV

02 키보드와 떠나는 타자 모험

학습목표
- 키보드 사용법에 대해 알아봐요.
- 키보드의 기능에 대해 알아봐요.

미션 1 키보드 사용법에 대해 알아보아요.

 한컴 타자(https://www.hancomtaja.com) 사이트에 접속하고 [타자 연습]-[자리 연습]-[기본자리]를 클릭하여 올바른 운지법에 대해 알아보아요.

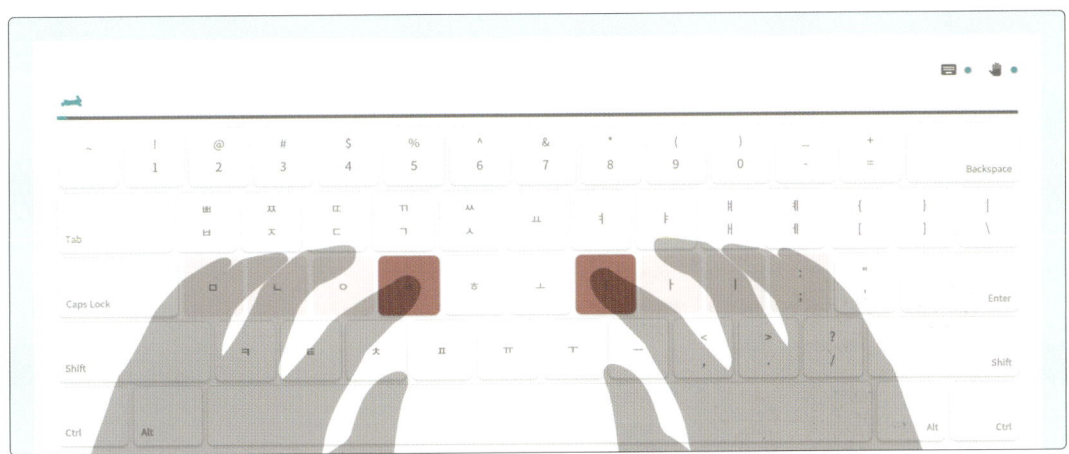

❶ **기본 자세** : 손은 키보드 위에 자연스럽게 올려둡니다.

❷ **기본 자리 찾기** : 그림과 같이 검지를 먼저 올려두고 그 다음에 중지, 약지, 새끼 손가락 순서로 각각의 자판 위치에 손가락을 올려둡니다.

❸ **기본 자리 연습** : 손가락 위치에 신경 쓰고 화면에 나타난 자음, 모음, 기호를 입력하며 타자 연습을 진행해 봅니다.

❷ 타자 입력 시 올바른 손가락의 위치를 색깔로 확인해 봅니다.

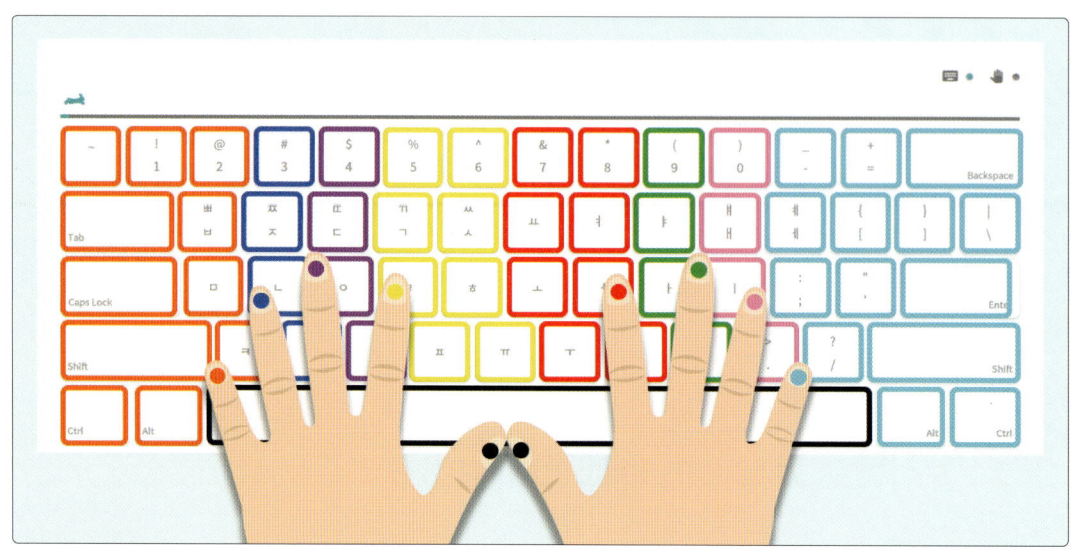

Tip 손가락은 윗자리와 아랫자리 입력 후 항상 기본 자리로 돌아오는 것이 중요해요. 기본 자리는 타자 입력의 효율성을 높이고 손가락 위치를 쉽게 기억할 수 있도록 도와줘요.

❸ [시작(⊞)]-[모든 앱]-[메모장]을 클릭하여 그림과 같이 글자를 입력해 봅니다.

대한민국	ㄷ	ㅐ	ㅎ	ㅏ	ㄴ	ㅁ	ㅣ	ㄴ	ㄱ	ㅜ	ㄱ
사랑해요.	ㅅ	ㅏ	ㄹ	ㅏ	ㅇ	ㅎ	ㅐ	ㅇ	ㅛ	.	
고마워요.	ㄱ	ㅗ	ㅁ	ㅏ	ㅇ	ㅜ	ㅓ	ㅇ	ㅛ	.	

 **키보드의 기능에 대해 알아보아요.**

① 키보드는 기본 입력 장치로, 컴퓨터에 문자나 숫자를 입력할 때 사용합니다. 또한 단축키를 이용하여 컴퓨터에 명령을 내리기도 합니다.

① `Esc` **(이에쓰씨)** : 명령을 취소할 때 사용합니다.
② `Tab` **(탭)** : 문서 작성 시 일정 간격을 띄워 문서를 작성할 때 사용합니다.
③ `CapsLock` **(캡스록)** : 영어를 대문자 또는 소문자로 변경할 때 사용합니다.
④ `Shift` **(시프트)** : '뽀뽀뽀'와 같이 키보드의 윗부분 글쇠를 입력할 때 사용합니다.
⑤ `Ctrl` **(컨트롤)** : 다른 키와 함께 눌러 특별한 명령을 실행할 수 있습니다.
⑥ `Alt` **(알트)** : 다른 키와 함께 눌러 특별한 명령을 실행할 수 있습니다.
⑦ `Enter` **(엔터)** : 명령을 실행할 때 사용합니다.
⑧ `Insert` **(인서트)** : 글자를 삽입하거나 수정할 때 사용합니다.
⑨ `Delete` **(딜리트)** : 마우스 커서의 오른쪽 글자를 삭제할 때 사용합니다.
⑩ `Home` **(홈)** : 마우스 커서를 현재 줄의 맨 앞으로 이동시킬 때 사용합니다.
⑪ `End` **(엔드)** : 마우스 커서를 현재 줄의 맨 뒤로 이동시킬 때 사용합니다.
⑫ `Page Up` **(페이지 업)** : 현재 보고 있는 화면에서 한 페이지 위로 이동할 때 사용합니다.
⑬ `Page Down` **(페이지 다운)** : 현재 보고 있는 화면에서 한 페이지 아래로 이동할 때 사용합니다.
⑭ `Num Lock` **(넘록)** : 활성화되어 있을 경우 숫자를 입력할 수 있고 비활성화되어 있을 경우 방향키와 편집키로 작동합니다.
⑮ `Space Bar` **(스페이스 바)** : 글자와 글자 사이를 한 칸 띄울 때 사용합니다.
⑯ `한/영` **(한/영)** : 글자 입력 형식을 한글 또는 영어로 변경할 때 사용합니다.
⑰ `한자` **(한자)** : 입력한 글자를 한자로 변환할 때 사용합니다.
⑱ `Back Space` **(백스페이스)** : 마우스 커서의 왼쪽 글자를 삭제할 때 사용합니다.

미션 3 배운 내용을 확인해 보아요.

1 다음은 키보드의 어떤 키에 대한 설명인지 빈 칸에 적어 보세요.

시작 메뉴를 실행한 후 '명령을 취소'할 때 사용해요.

답 _____

영어를 대문자 또는 소문자로 변경할 때 사용해요.

답 _____

입력한 글자를 한자로 변환할 때 사용해요.

답 _____

글자와 글자 사이를 한 칸 띄울 때 사용해요.

답 _____

2 다음 중 키보드의 Shift 키의 주요 역할로 옳은 것은 무엇일까요?

① 알파벳 대문자 입력　　② 숫자 입력
③ 한자 입력　　　　　　④ 글자 사이 띄우기

3 다음 중 키보드의 Num Lock 키의 주요 역할로 옳은 것은 무엇일까요?

① 모든 창 최소화　　　　② 숫자 키패드/방향키 전환
③ 대문자/소문자 전환　　④ 글자 지우기

혼자 할 수 있어요!

01 다음 단어를 키보드로 입력하는 순서에 맞게 빈 칸에 자음과 모음을 채워 보세요.

호랑이							

코끼리							

거북이							

고양이							

강아지							

02 [메모장] 프로그램을 실행하고 ❶에서 제시된 단어를 입력해 보세요.

03 나만의 바탕화면 꾸미기

학습목표
- 바탕화면의 화면 구성에 대해 알아봐요.
- 바탕화면의 개인 설정 기능을 살펴봐요.
- 단색으로 바탕화면을 설정해요.
- 이미지로 바탕화면을 설정해요.

▶ 예제 파일 : 이미지1.png

 **바탕화면의 화면 구성에 대해 알아보아요.**

① 컴퓨터가 실행되면 모니터 화면에 바로 보이는 것이 바탕화면입니다. 지금부터 바탕화면의 화면 구성에 대해 알아봅니다.

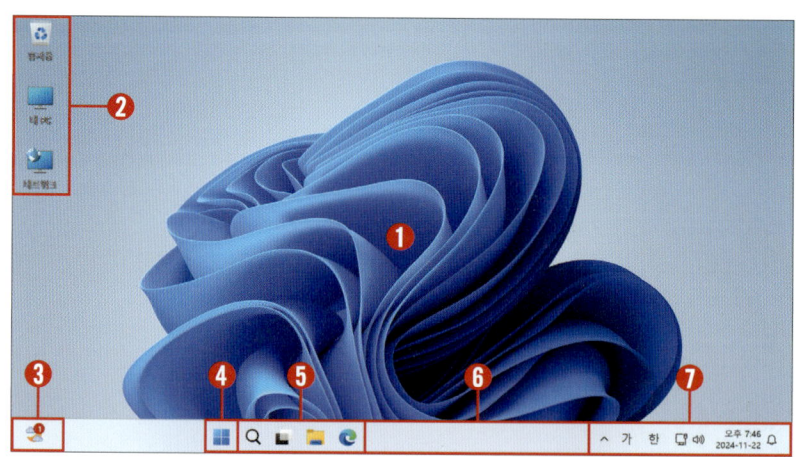

❶ **배경화면** : 사용자가 선택한 이미지나 색상으로 배경화면을 설정할 수 있습니다.
❷ **아이콘** : 프로그램을 표현하는 정보의 내용을 사용자가 한눈에 알아볼 수 있도록 그림으로 표시합니다.
❸ **위젯** : 날씨와 뉴스 등 다양한 정보를 확인할 수 있습니다.
❹ **시작** : 컴퓨터에 설치된 프로그램을 실행하거나 컴퓨터를 종료할 때 사용합니다.
❺ **빠른 실행** : 실행할 프로그램을 검색하거나 클릭 한 번으로 빠르게 프로그램을 시작할 때 사용합니다.
❻ **작업 표시줄** : 실행 중인 프로그램을 표시합니다.
❼ **알림 영역** : 현재 시간과 각종 정보, 다양한 알림이 표시됩니다.

바탕화면의 개인 설정 기능을 살펴 보아요.

① 바탕화면에서 마우스 오른쪽 단추를 클릭하여 바로가기 메뉴가 나타나면 [개인 설정]을 클릭하여 [개인 설정] 창을 실행합니다.

❶ **개인 설정** : 개인 설정 메뉴에서 바탕화면을 나만의 스타일로 꾸밀 수 있습니다.
❷ **미리 보기** : 바탕화면에 설정한 내용을 미리 확인할 수 있습니다.
❸ **배경** : 바탕화면의 배경을 원하는 색이나 이미지로 변경할 수 있습니다.
❹ **색** : 바탕화면의 모드를 밝게 또는 어둡게 설정하거나 투명도를 설정할 수 있습니다.
❺ **테마** : 다양한 테마를 사용하여 바탕화면의 배경, 색, 소리, 마우스 커서 등을 한 번에 변경할 수 있습니다.
❻ **잠금 화면** : 잠금 화면에 나타나는 화면과 화면 보호기, 화면 시간 제한 등을 설정할 수 있습니다.
❼ **시작, 작업 표시줄** : 시작 메뉴의 레이아웃과 작업 표시줄의 표시 항목을 변경할 수 있습니다.
❽ **글꼴** : 시스템에서 사용할 글꼴을 관리하고 추가할 수 있습니다.
❾ **접근성** : 시각, 청각, 운동 능력 등을 고려한 다양한 시스템 설정을 통해 사용자의 편의에 맞게 옵션을 설정할 수 있습니다.

 **미션 3** 바탕화면의 배경을 단색으로 설정해 보아요.

① [개인 설정] 창에서 [배경]을 클릭합니다.

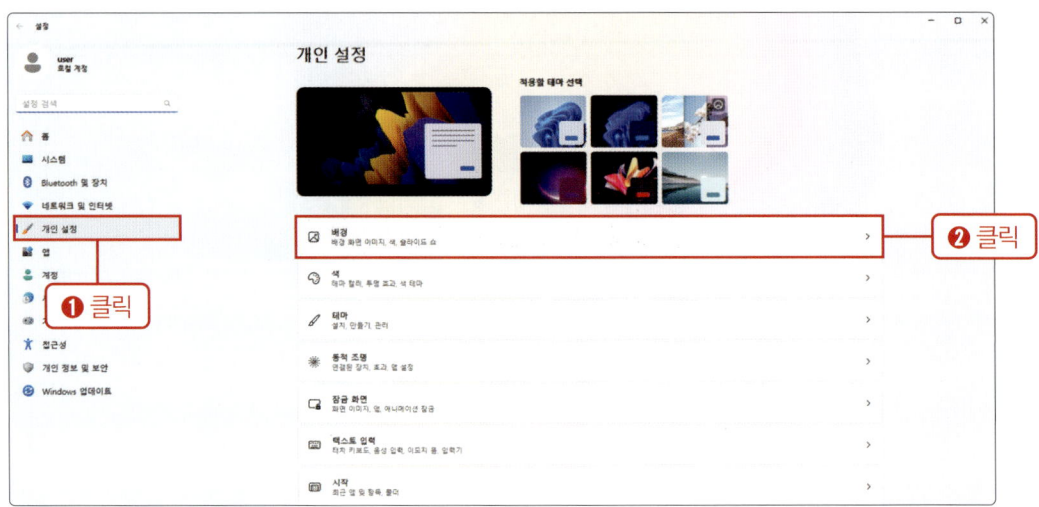

② [배경 개인 설정]에서 [단색]을 선택하고 [배경색 선택]에서 원하는 배경색을 선택한 후 [최소화(─)] 단추를 클릭하여 변경된 바탕화면의 배경을 확인합니다.

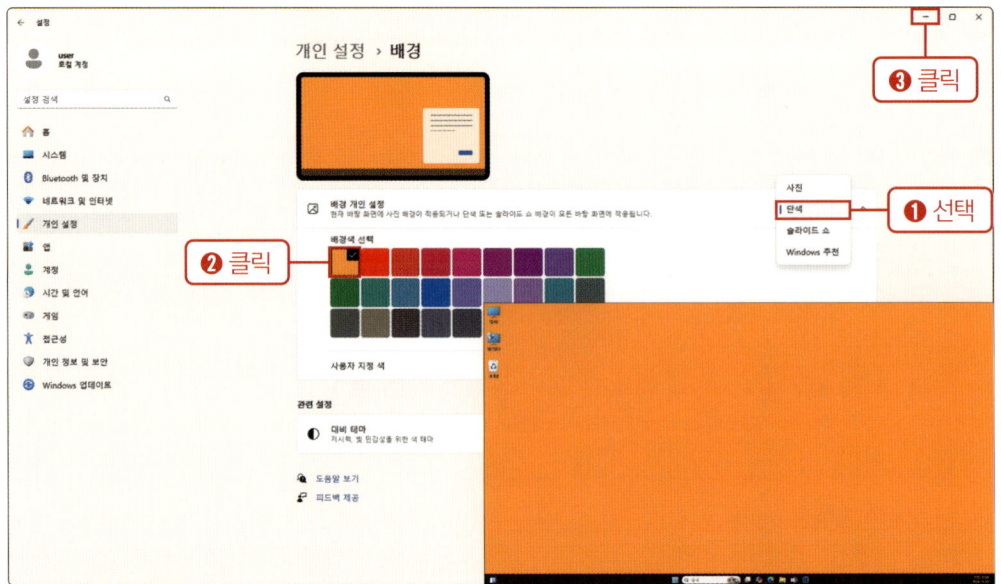

 Tip
- ⊞+U를 눌러도 창을 최소화할 수 있어요.
- 윈도우 11은 개인 설정에서 배경을 변경할 때, 별도의 저장 기능 없이 선택한 배경이 자동으로 적용돼요.

 **미션 4** 바탕화면의 배경을 이미지로 변경해 보아요.

1 [개인 설정] 창–[배경]–[배경 개인 설정]–[사진]을 선택하고 [사진 찾아보기]를 클릭하여 [열기] 대화상자가 나타나면 '이미지1.png' 파일을 선택한 후 [사진 선택]을 클릭합니다.

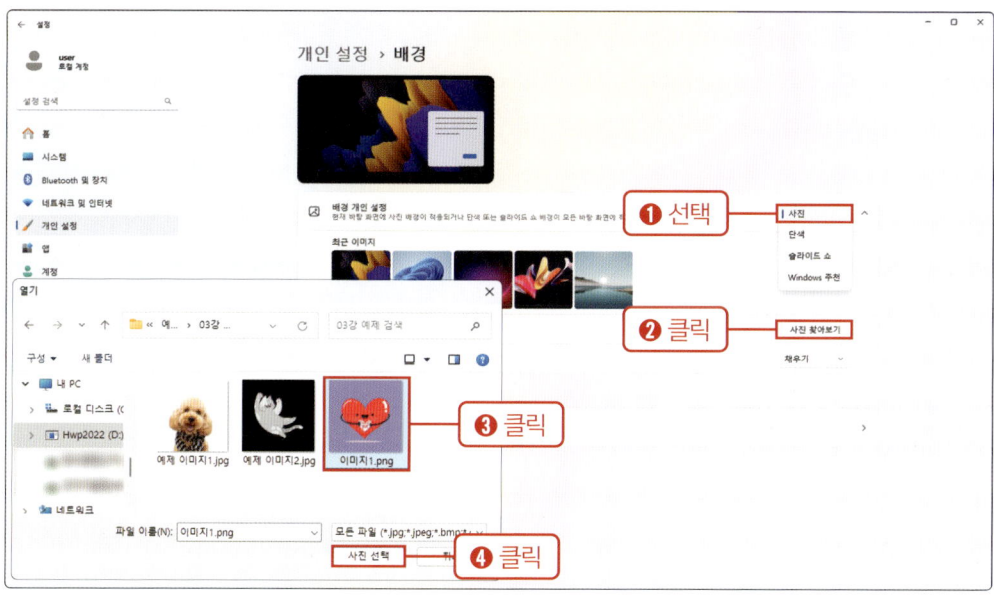

2 이미지의 채우기 형식을 변경하기 위해 [데스크톱 이미지에 맞게 선택]에서 '가운데'를 선택한 후 [배경색 선택]에서 이미지에 어울리는 색상을 선택하여 변경된 바탕화면의 배경을 확인합니다.

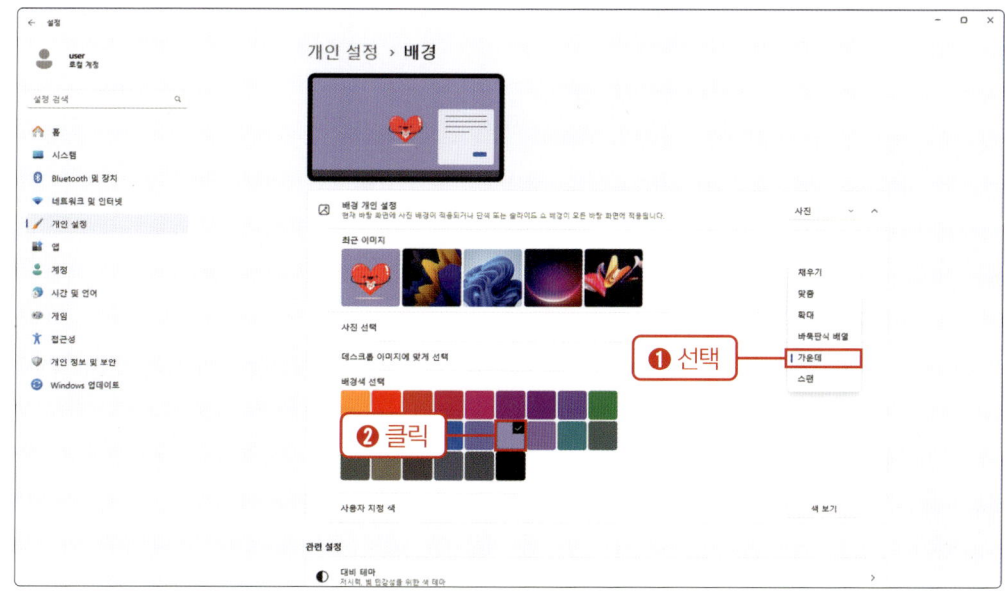

❸ ❶~❷와 같은 방법으로 [데스크톱 이미지에 맞게 선택]을 '바둑판식 배열'로 선택한 후 변경된 바탕화면의 배경 이미지를 확인해 봅니다.

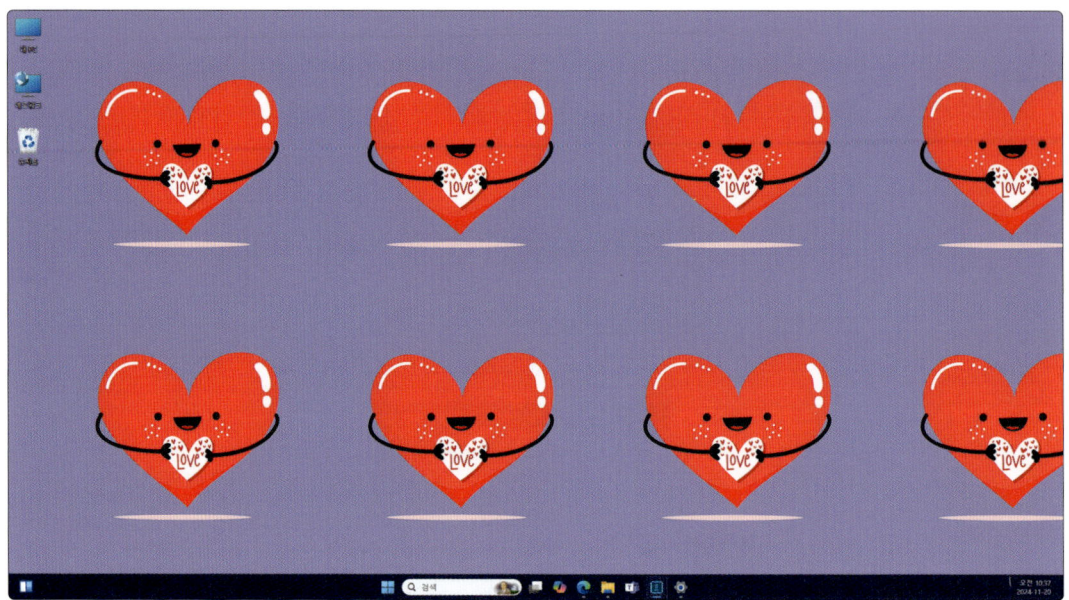

❹ [최근 이미지]에서 기존에 적용되어 있던 이미지를 선택하여 바탕화면의 배경을 원래대로 변경합니다.

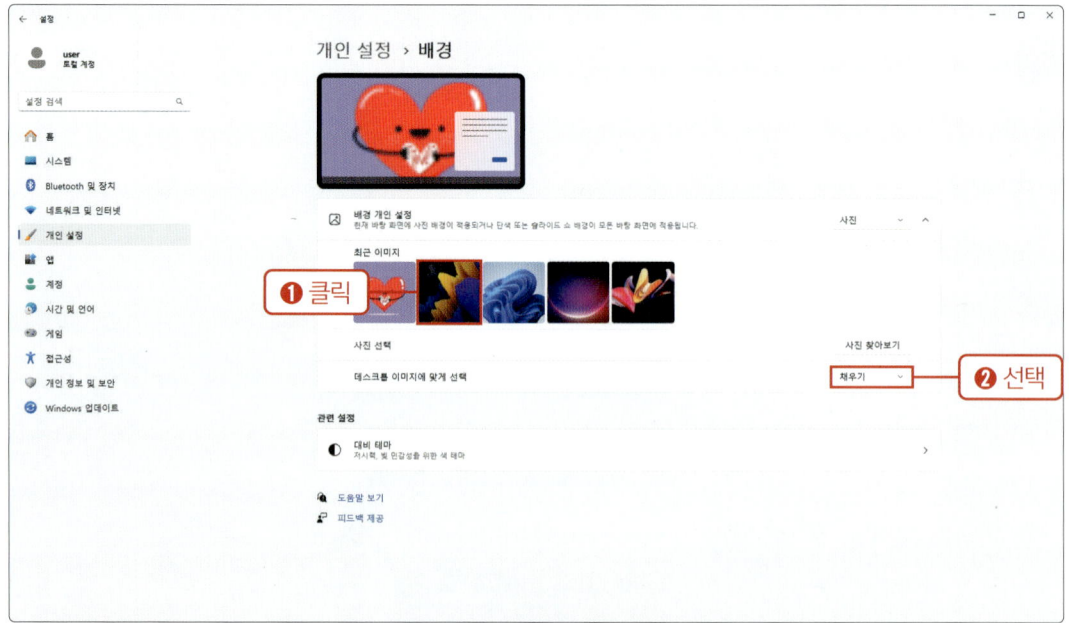

Tip 기존의 배경이 단색으로 설정되어 있을 경우 [배경 개인 설정]-[단색]에서 기존 바탕화면 배경의 색상을 선택해요.

 **미션 5** 배운 내용을 확인해 보아요.

1 다음 중 바탕화면에서 볼 수 <u>없는</u> 것은 무엇일까요?

① 아이콘
② 시작 단추
③ 키보드
④ 작업 표시줄

2 다음 중 개인 설정에 대한 설명으로 옳지 <u>않은</u> 것은 무엇일까요?

① 개인 설정 메뉴에서 바탕화면을 변경할 수 있다.
② 테마 메뉴에서 바탕화면의 배경, 색, 소리 등을 한 번에 변경할 수 있다.
③ 잠금 화면에 나타나는 화면을 변경하려면 잠금 화면 메뉴를 선택한다.
④ 미리 보기 메뉴에서 바탕화면의 모드를 밝게 또는 어둡게 설정할 수 있다.

3 다음 바탕화면의 채우기 형식으로 알맞은 내용을 선으로 연결해 보세요.

03 혼자 할 수 있어요!

• 예제 파일 : '예제 이미지1.jpg', '예제 이미지2.jpg'

01 그림과 같이 바탕화면의 배경을 변경해 보세요.

- 데스크톱 이미지에 맞게 선택 : 맞춤
- 배경색 : 흰색

02 그림과 같이 바탕화면의 배경을 변경해 보세요.

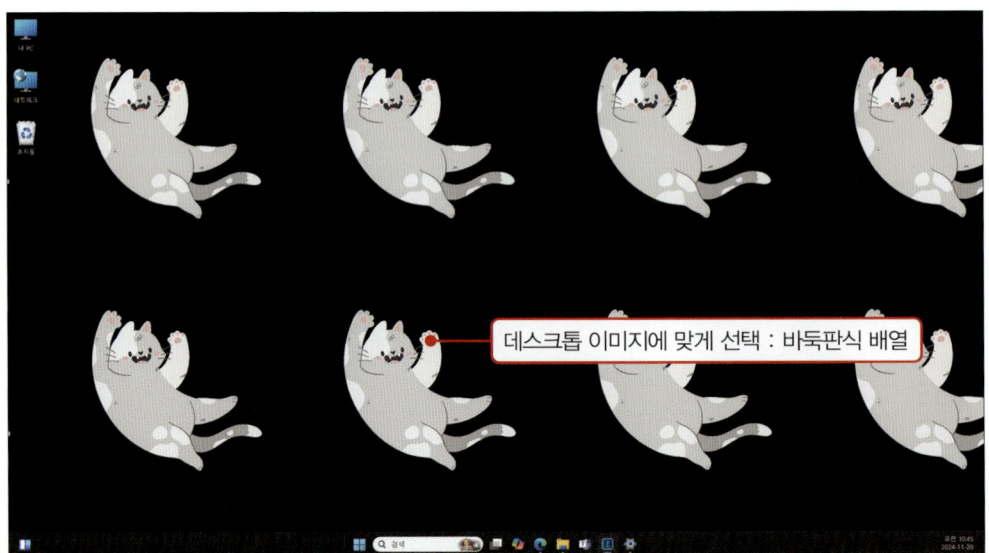

- 데스크톱 이미지에 맞게 선택 : 바둑판식 배열

04 화면 보호기 설정하기

- 개인 설정 잠금 화면 구성에 대해 살펴봐요.
- 화면 보호기를 설정해요.

미션 1 개인 설정 잠금 화면 구성에 대해 살펴 보아요.

1. 바탕화면에서 마우스 오른쪽 단추를 클릭하여 바로가기 메뉴가 나타나면 [개인 설정]을 클릭하고 [개인 설정] 창에서 [잠금 화면]을 클릭합니다.

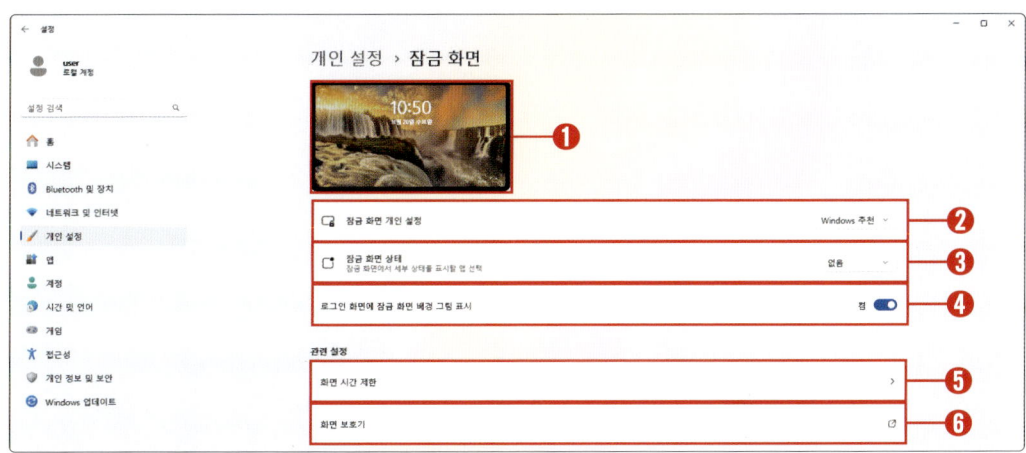

❶ **미리 보기** : 잠금 화면에 설정한 내용을 미리 보기로 확인할 수 있습니다.
❷ **잠금 화면 개인 설정** : 잠금 화면을 Windows 추천, 사진 또는 슬라이드 쇼로 설정할 수 있습니다.
❸ **잠금 화면 상태** : 사용자가 원하는 앱(날짜, 시간, 날씨 등)을 선택하여 잠금 화면에 추가 정보를 표시할 수 있습니다.
❹ **로그인 화면에 잠금 화면 배경 그림 표시** : 잠금 화면에 설정한 배경이 로그인 화면에 적용됩니다.
❺ **화면 시간 제한** : 사용자가 컴퓨터를 사용하는 시간을 관리하고 필요에 따라 사용 시간을 제한할 수 있습니다.
❻ **화면 보호기** : 일정 시간 동안 컴퓨터를 사용하지 않을 때 화면을 보호하기 위한 기능입니다.

 **미션 2** 화면 보호기를 설정해 보아요.

① [화면 보호기]를 클릭한 후 [화면 보호기 설정] 대화상자를 실행합니다.

② [화면 보호기]에서 '비눗방울'을 선택하고 [대기]를 '1'분으로 변경합니다. 이어서 [미리 보기]를 클릭하여 화면 보호기를 확인하고 [확인] 단추를 클릭합니다.

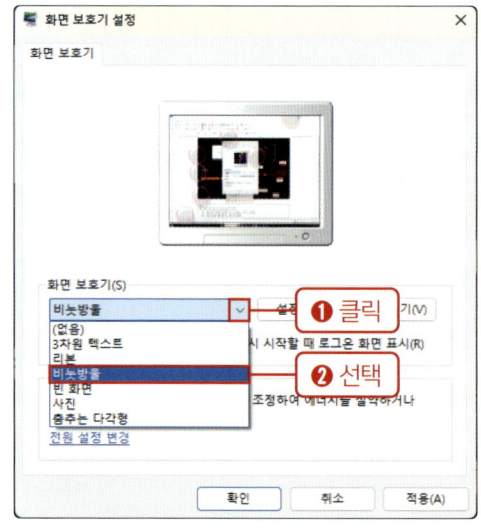
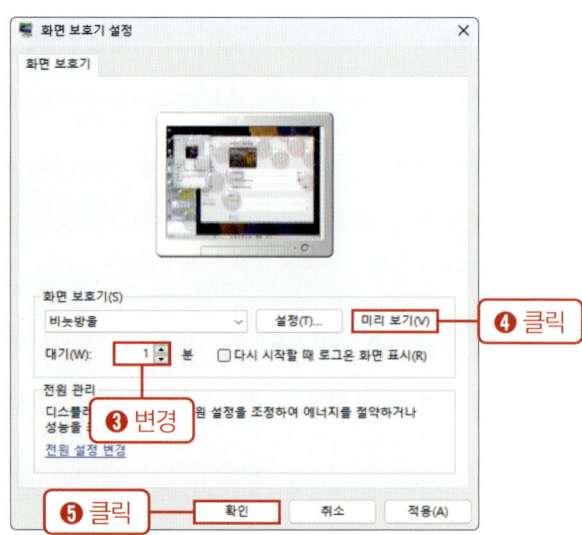

Tip
- 확인 : 설정을 저장하고 [화면 보호기 설정] 대화상자를 닫고 싶을 때 사용해요.
- 적용 : 설정을 저장하고 [화면 보호기 설정] 대화상자를 열어두고 싶을 때 사용해요.

③ 컴퓨터를 만지지 않고 '1'분 동안 기다린 후 '비눗방울' 화면 보호기가 실행되는지 확인해 봅니다.

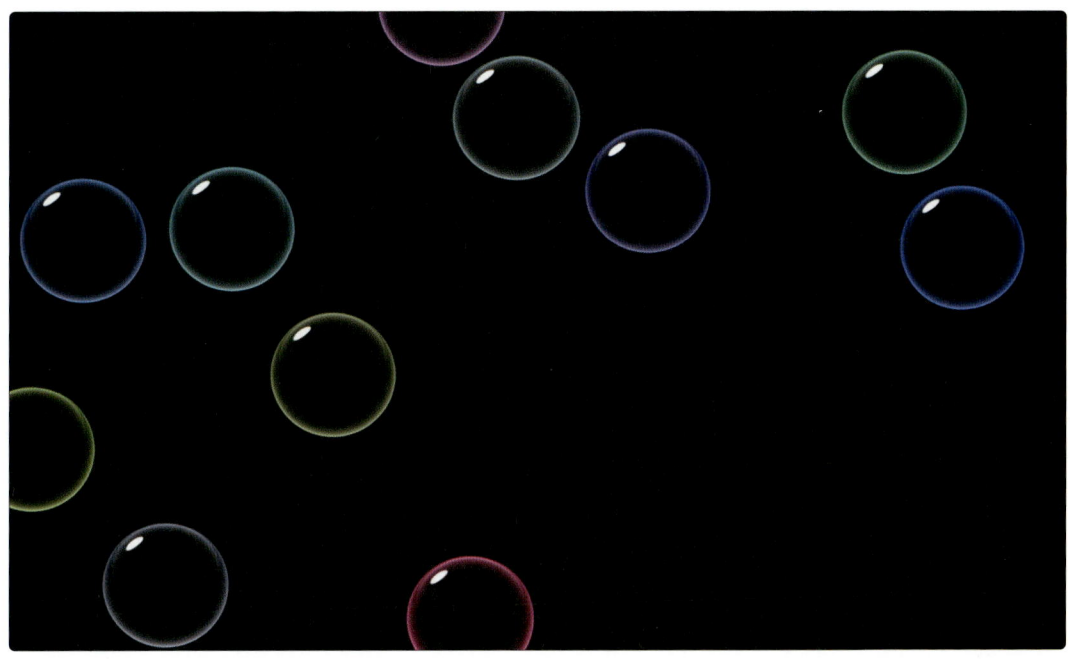

④ 마우스를 움직여 화면 보호기를 종료한 후 [화면 보호기 설정] 대화상자-[화면 보호기]에서 '3차원 텍스트'를 선택하고 [설정] 단추를 클릭합니다.

04 · 화면 보호기 설정하기

❺ [3차원 텍스트 설정] 대화상자가 나타나면 [텍스트]-[텍스트 지정]에서 "신나는 컴퓨터 교실"을 입력하고 [동작]-[회전 유형]을 '회전'으로 선택한 후 [확인] 단추를 클릭합니다.

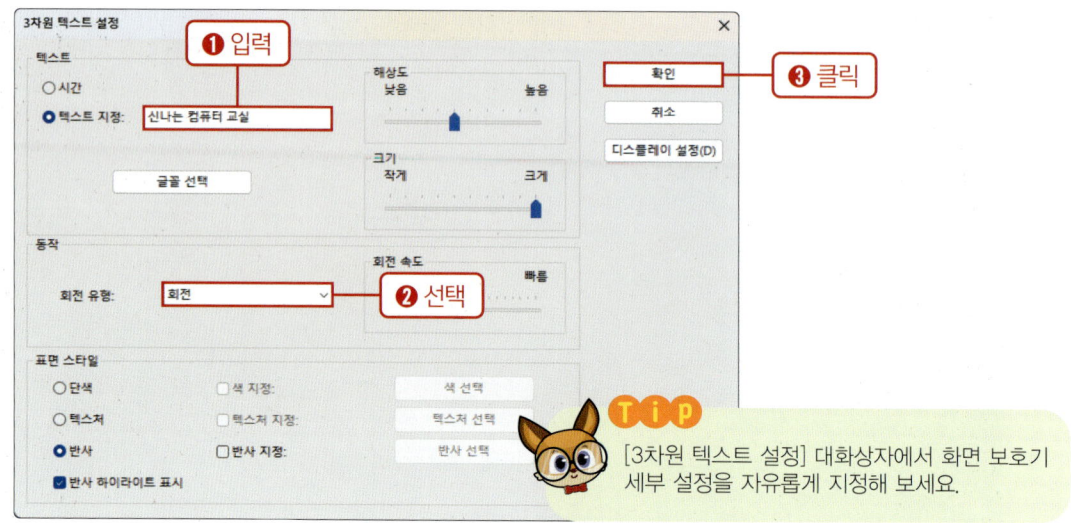

❻ 컴퓨터를 만지지 않고 '1'분 동안 기다린 후 '3차원 텍스트' 화면 보호기가 실행되는지 확인해 봅니다.

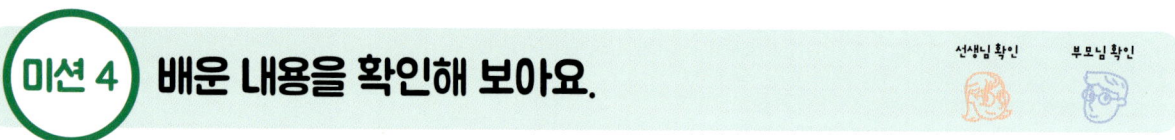

미션 4 배운 내용을 확인해 보아요.

❶ 실행된 화면 보호기를 종료하는 방법으로 올바른 것을 모두 골라 보세요.

① 키보드 누르기
② 전원 버튼 누르기
③ 마우스 움직이기
④ 1분 기다리기

❷ 화면 보호기의 세부 내용을 변경하고 싶을 때 선택해야 하는 메뉴는 무엇일까요?

① 설정
② 미리 보기
③ 대기
④ 적용

혼자 할 수 있어요!

01 컴퓨터를 5분 동안 사용하지 않을 경우 '리본' 화면 보호기가 실행되도록 설정해 보세요.

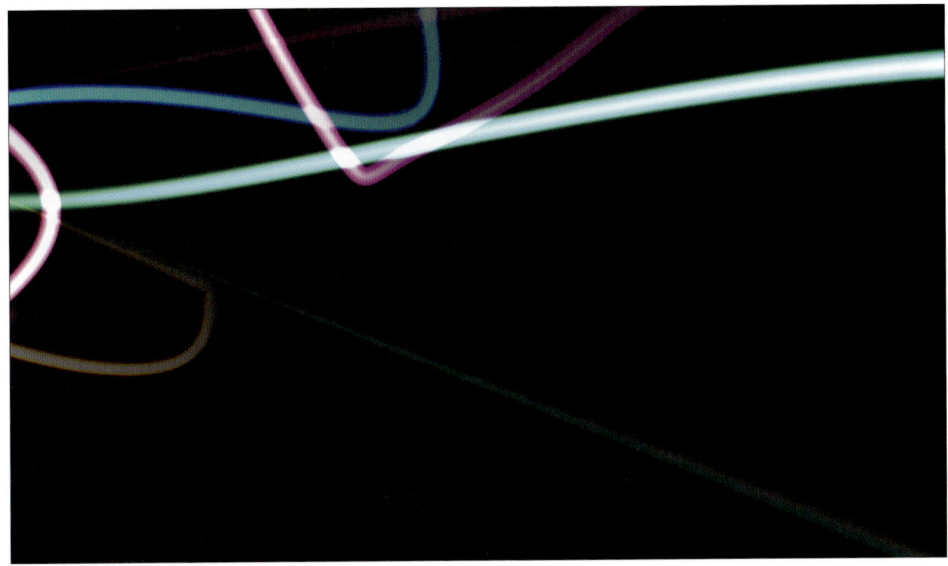

02 컴퓨터를 10분 동안 사용하지 않을 경우 '춤추는 다각형' 화면 보호기가 실행되도록 설정해 보세요.

05 메모장으로 이모티콘 만들기

- 메모장 글꼴 서식을 변경하고 글자를 입력해요.
- 특수 문자를 입력해 이모티콘을 만들어요.

▶ 완성 파일 : 05강 완성.txt

미션 1 메모장 글꼴 서식을 변경하고 글자를 입력해 보아요.

① [시작(■)]-[모든 앱]-[메모장]을 클릭하여 메모장을 실행합니다.

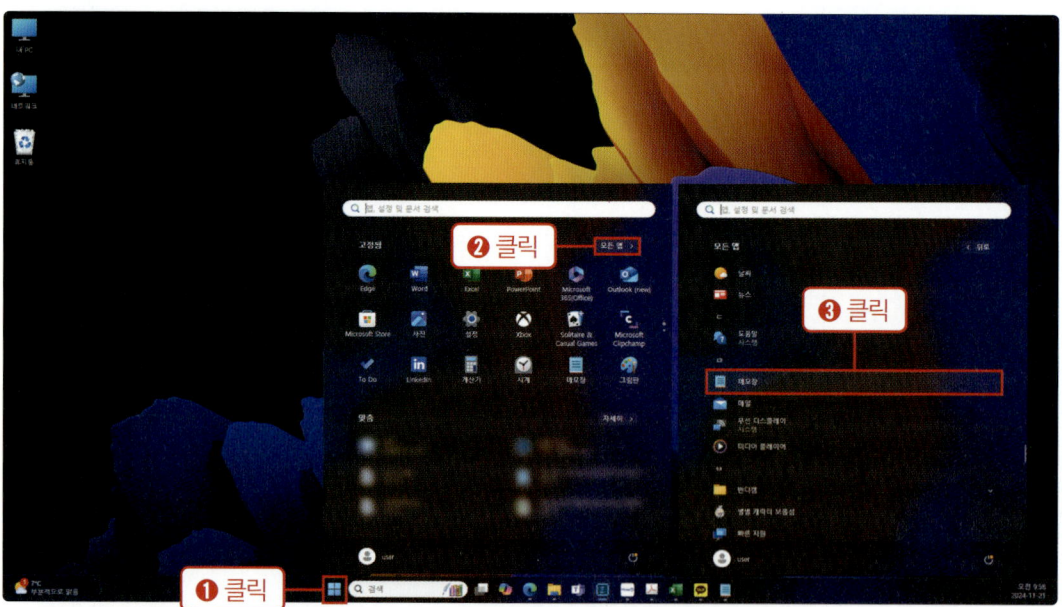

 Tip 작업 표시줄 검색 상자에 '메모장'을 검색하여 메모장을 실행해도 돼요.

❷ [편집] 탭-[글꼴]을 클릭하여 [설정] 창이 실행되면 [텍스트 서식]-[글꼴]을 클릭하고 글꼴 목록('함초롬돋움')과 크기('72')를 지정한 후 [뒤로(←)]를 클릭합니다.

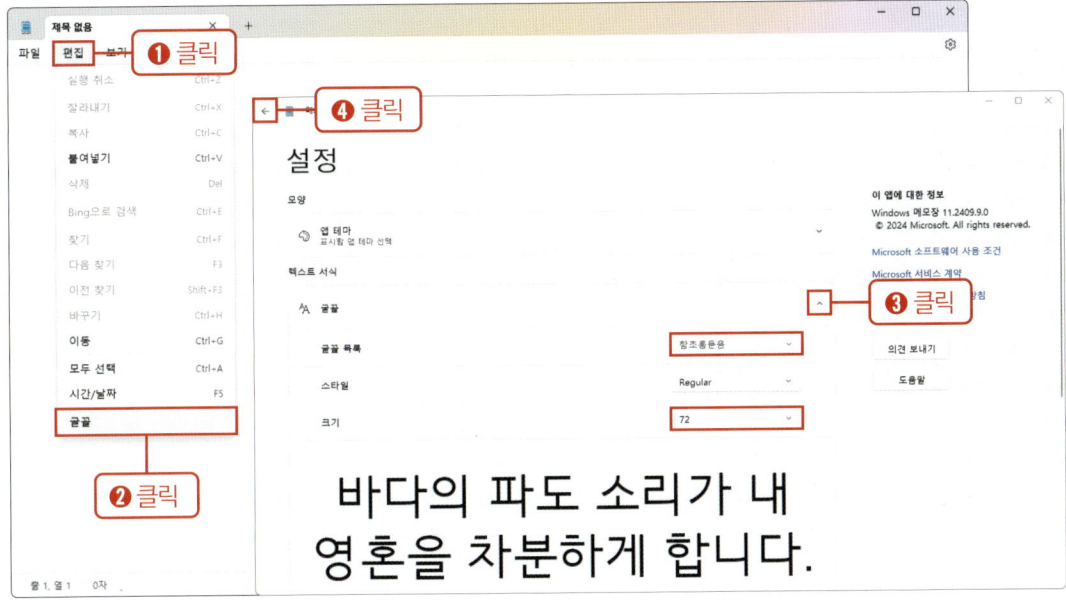

❸ 그림과 같이 글자를 입력하고 "복" 글자를 한자로 변환하기 위해 "복" 글자 뒤에 커서를 위치시킨 후 [한자]를 눌러 그림과 같이 한자를 선택합니다.

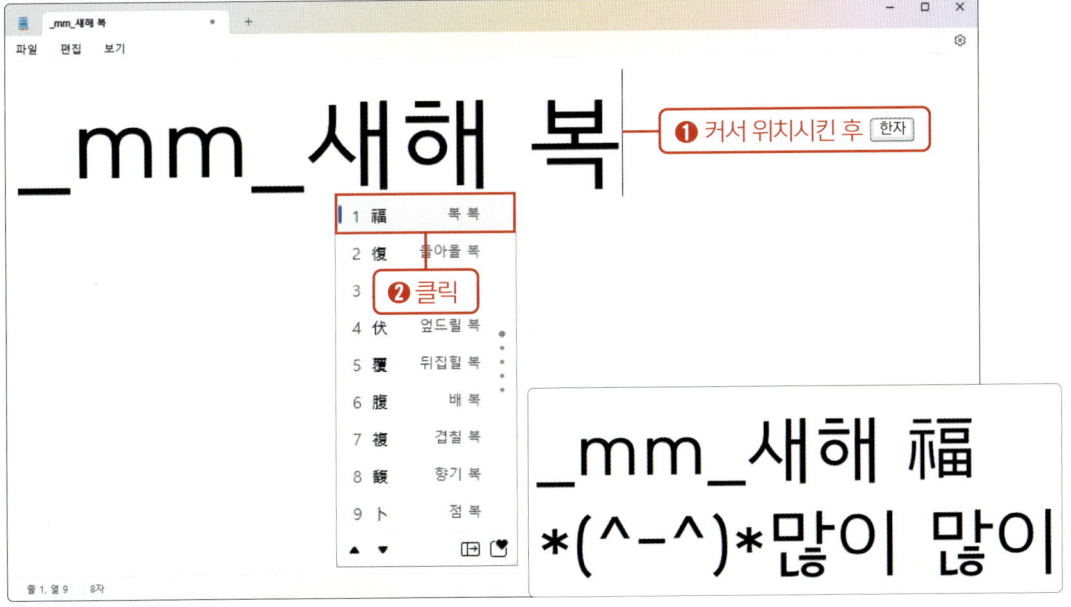

Tip 교재와 같이 팝업창이 나타나지 않고 [한자 입력] 대화상자가 나타날 경우 작업 표시줄 알림 영역에서 입력 방법을 전환해 보세요.

미션 2   특수 문자를 입력해 보아요.

1 "ㅁ"을 입력하고 [한자]를 눌러 문자표 팝업창이 나타나면 [Tab]을 눌러 문자표 전체 보기로 변경하고 그림과 같이 특수 문자를 선택합니다.

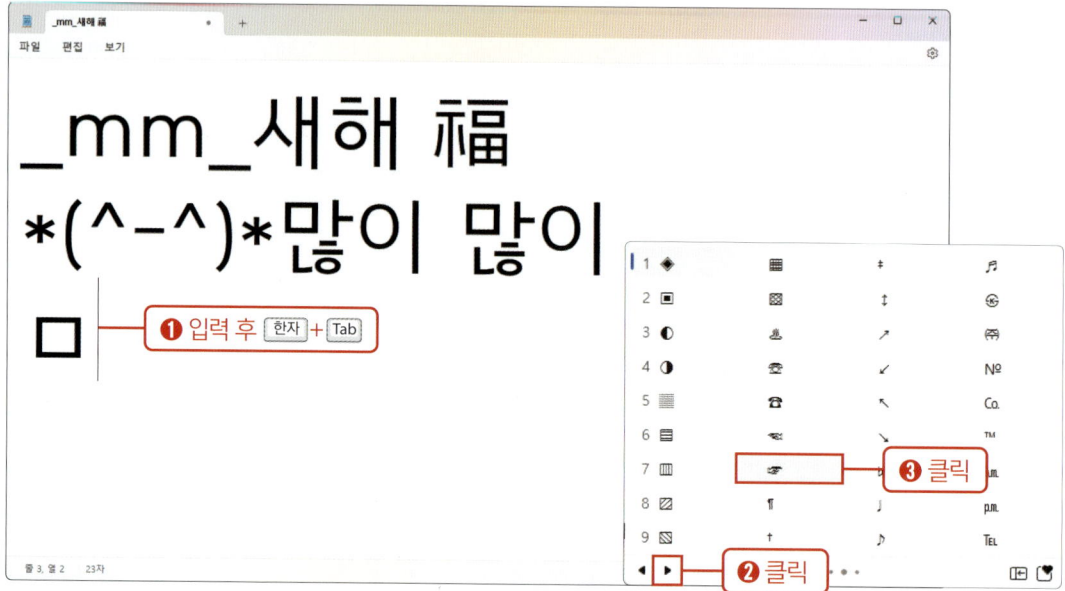

2 **1**과 같은 방법으로 특수 문자를 삽입하고 [파일] 탭-[다른 이름으로 저장]을 클릭하거나 [Ctrl]+[S]를 눌러 [다른 이름으로 저장] 대화상자가 나타나면 저장 위치와 파일명을 입력한 후 [저장] 단추를 클릭합니다.

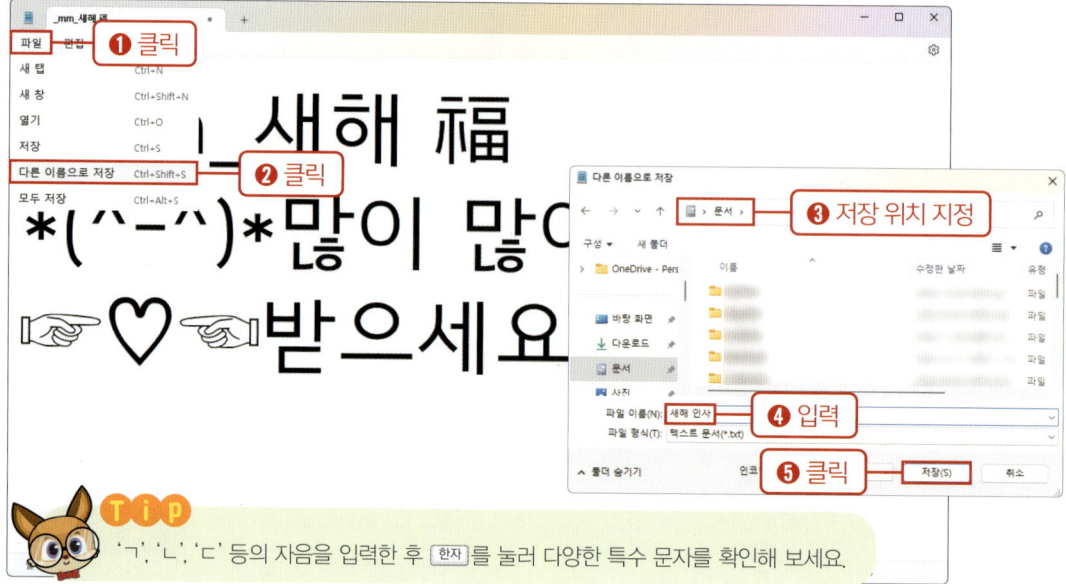

TIP 'ㄱ', 'ㄴ', 'ㄷ' 등의 자음을 입력한 후 [한자]를 눌러 다양한 특수 문자를 확인해 보세요.

 **미션 3** 배운 내용을 확인해 보아요.

1 메모장에서 글꼴을 변경할 수 있는 메뉴는 무엇일까요?

① 파일
② 편집
③ 보기
④ 서식

2 메모장에서 파일을 저장할 때 사용하는 단축키는 무엇일까요?

① Ctrl + S
② Ctrl + P
③ Ctrl + N
④ Ctrl + O

3 메모장에서 ♥, ☏와 같은 특수 문자를 입력하려면 한글 자음 중 어떤 키를 눌러야 할까요?

① ㄱ
② ㅁ
③ ㅇ
④ ㅅ

혼자 할 수 있어요!

01 메모장을 이용하여 그림과 같은 문서를 만들고 저장해 보세요.

• 완성 파일 : 05강 미션 완성1.txt

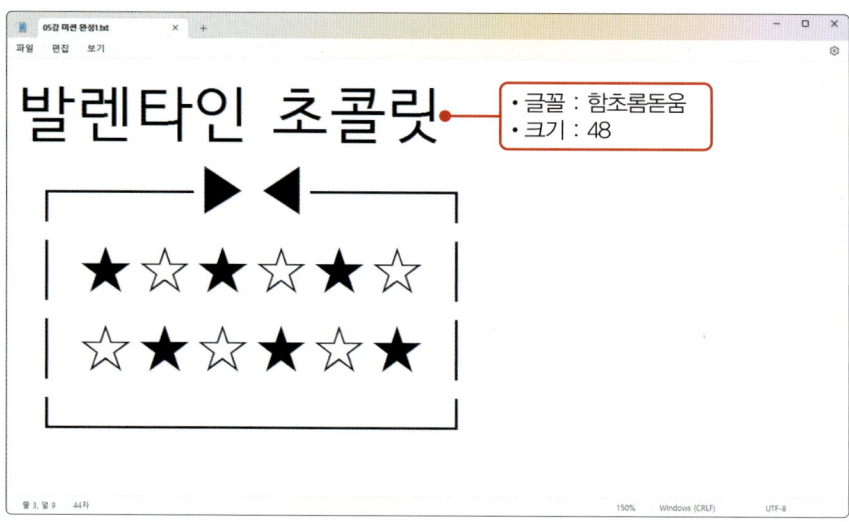

02 메모장을 이용하여 그림과 같은 문서를 만들고 저장해 보세요.

• 완성 파일 : 05강 미션 완성2.txt

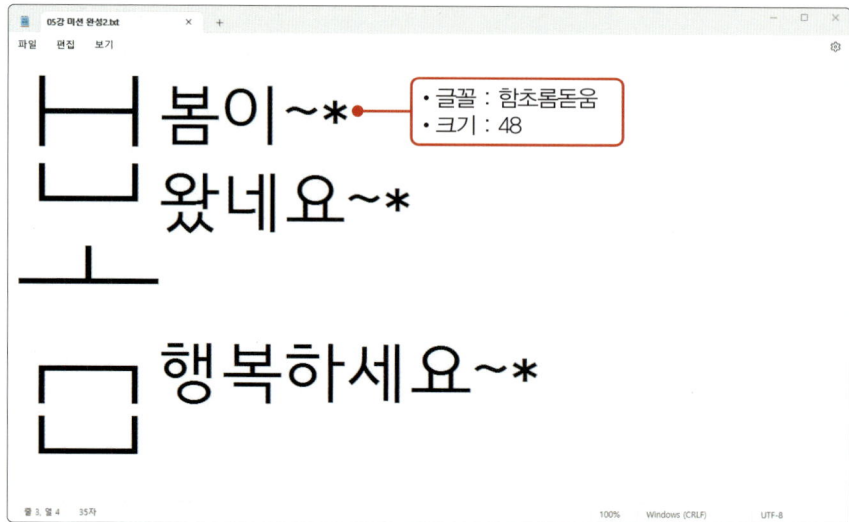

06 계산기로 수학 문제 풀기

- 계산기의 화면 구성을 알아봐요.
- 계산기를 이용하여 수학 문제를 풀어요.
- 날짜 계산과 통화 환율을 알아봐요.

미션 1 · 계산기의 화면 구성을 알아보아요.

1 [시작(■)]-[모든 앱]-[계산기]를 클릭하여 계산기를 실행한 후 화면 구성을 살펴 봅니다.

❶ **디스플레이 영역** : 계산 결과와 입력된 수식을 보여 줍니다.
❷ `CE` : 입력한 숫자를 지웁니다.
❸ `C` : 계산 결과를 지웁니다.
❹ `⌫` : 입력한 숫자를 한 자리씩 지웁니다.
❺ `÷` : 나눗셈을 계산합니다.
❻ `×` : 곱셈을 계산합니다.
❼ `-` : 뺄셈을 계산합니다.
❽ `+` : 덧셈을 계산합니다.
❾ `=` : 계산 결과를 나타냅니다.
❿ **탐색 열기** : 날짜 계산, 통화 환율, 시간 등의 다양한 모드로 계산기를 활용합니다.
⓫ **항상 위에 유지** : 화면 위에 항상 고정되어 계산기가 나타납니다.
⓬ **기록** : 계산기를 사용하면서 수행한 계산 기록을 확인합니다.

미션 2 　계산기를 이용하여 수학 문제를 풀어 보아요.

❶ 계산기를 이용하여 제시된 수학 문제를 풀어 봅니다.

| ❶ 10 + 9 | ❷ 20 + 10 | ❸ 7 + 11 |

| ❶ 25 − 12 | ❷ 35 − 7 | ❸ 50 − 42 |

| ❶ 7 × 15 | ❷ 10 × 22 | ❸ 13 × 2 |

| ❶ 55 ÷ 5 | ❷ 100 ÷ 2 | ❸ 77 ÷ 11 |

❷ 계산기를 이용하여 빈칸에 들어갈 숫자를 계산해 적어 봅니다.

10	+	☐	+	8	=	27
5	+	2	−	☐	=	4
8	−	☐	−	1	=	0
9	−	☐	+	9	=	10
3	+	10	+	☐	=	17

 **미션 3** 날짜 계산과 통화 환율을 알아보아요.

① 크리스마스 D-day를 계산하기 위해 [탐색 열기]-[계산기]-[날짜 계산]을 클릭한 후 [종료일]-[날짜(📅)]를 클릭합니다.

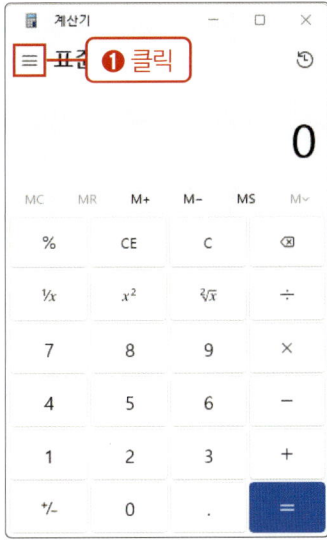
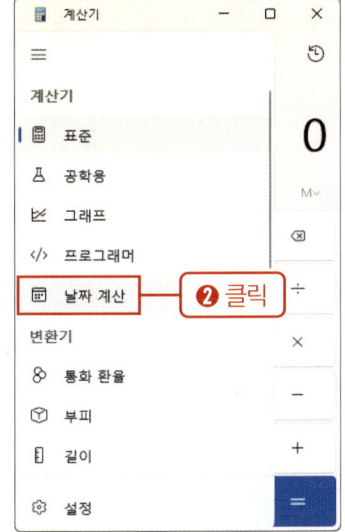
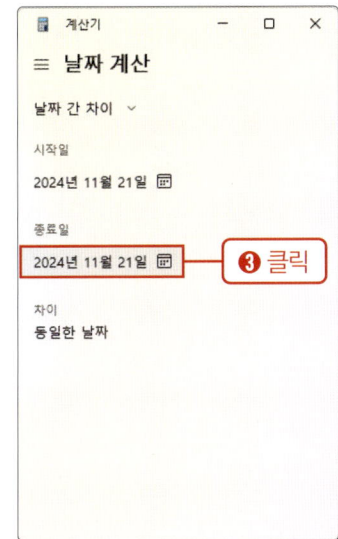

② 달력이 나타나면 12월 달력으로 이동하여 '25'일을 선택하고 크리스마스 D-day를 확인해 봅니다.

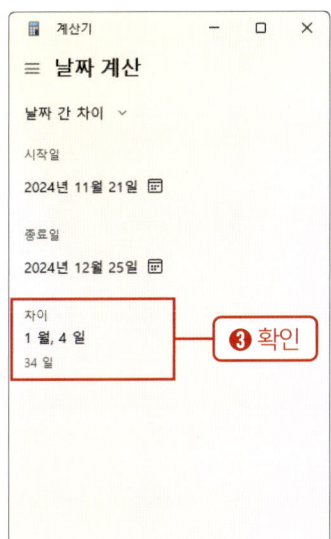

❸ 여행 가고 싶은 나라의 통화 환율을 알아보기 위해 [탐색 열기]-[변환기]-[통화 환율]을 클릭하고 통화를 '한국 - 원'으로 선택합니다.

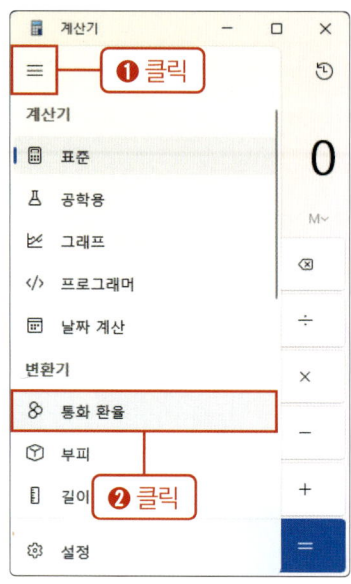 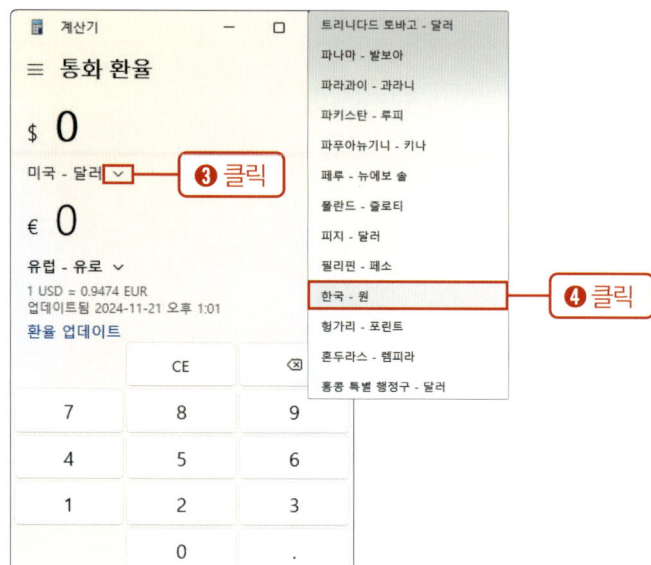

❹ 그림과 같이 첫 번째 통화 입력 칸에 "1000"을 입력하고 두 번째 통화를 본인이 가고 싶은 나라의 통화로 변경하여 환율을 확인합니다.

Tip

환율은 경제 상황에 따라 자주 변동되기 때문에 실시간으로 업데이트된 정보를 확인하는 것이 중요해요. 환율 정보는 1분 간격으로 업데이트되어 항상 최신 상태를 유지하며, 인터넷에 연결되어 있지 않아도 환율 변환 기능을 사용할 수 있어요.

 **미션 4** 배운 내용을 확인해 보아요.

1 다음 계산기 단추의 기능으로 알맞은 내용을 선으로 연결해 보세요.

CE	●		●	곱셈을 계산합니다.
C	●		●	계산 결과를 나타냅니다.
=	●		●	입력한 숫자를 지웁니다.
×	●		●	계산 결과를 지웁니다.
⌫	●		●	입력한 숫자를 한 자리씩 지웁니다.

2 다음 중 계산기에서 제공하는 기능이 <u>아닌</u> 것은 무엇일까요?

① 기본적인 사칙 연산 계산
② 크리스마스까지 남은 날짜 계산
③ 다른 나라의 통화 환율 확인
④ 사진 및 동영상 편집

혼자 할 수 있어요!

01 계산기를 이용하여 삼일절 D-day를 계산해 보세요.

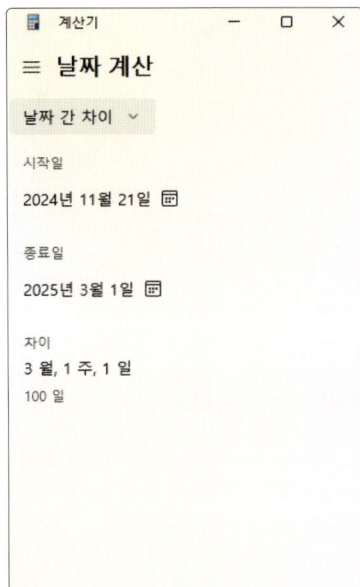

 Hint
계산기의 '날짜 계산' 기능을 이용하여 삼일절까지 남은 날짜를 계산해 보세요.

02 계산기를 이용하여 다음 문제를 풀어 보세요.

❶ 사과 40상자가 있습니다. 사과 20상자를 더 샀다면 몇 상자가 되었을까요?

❷ 지우개 20개가 있습니다. 그 중 15개를 잃어버렸다면 몇 개가 남았을까요?

❸ 지우는 사탕 50개를 샀습니다. 그 중 8개를 친구에게 주고, 12개를 더 샀습니다. 지우는 몇 개의 사탕을 가지고 있을까요?

07 그림판으로 피자 그리기

학습목표
- 그림판의 화면 구성을 알아봐요.
- 그림판을 이용하여 맛있는 피자를 그려요.
- 선택 도구를 이용하여 피자를 조각내요.

▶ 예제 파일 : 피자.png
▶ 완성 파일 : 07강 완성.jpg

미션 1 그림판의 화면 구성을 알아보아요.

① [시작()]-[모든 앱]-[그림판]을 클릭하여 그림판을 실행한 후 화면 구성을 살펴 봅니다.

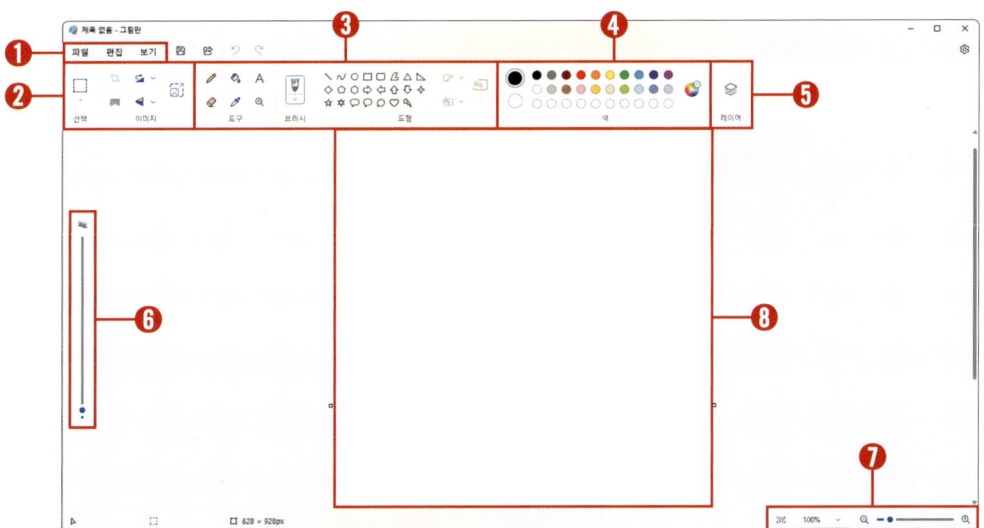

❶ **메뉴 바** : 파일, 편집, 보기 메뉴를 확인할 수 있습니다.
❷ **편집 도구** : 이미지 편집을 편리하게 할 수 있는 도구들이 모여 있습니다.
❸ **도구 상자** : 그리기 도구 모음으로 브러시, 텍스트, 도형 등이 있습니다.
❹ **색상 선택기** : 개체에 색상을 적용할 수 있습니다.
❺ **레이어** : 그림 수정이 편리하도록 레이어를 추가하여 그림을 그릴 수 있습니다.
❻ **브러시 크기** : 브러시의 두께를 조절할 수 있습니다.
❼ **화면 보기** : 그리기 영역을 확대 또는 축소할 수 있습니다.
❽ **그리기 영역** : 그림을 직접 그리거나 이미지를 편집하는 공간입니다.

미션 2 그림판으로 맛있는 피자를 그려 보아요.

1 [파일] 탭-[캔버스로 가져오기]-[파일에서]를 클릭하여 [파일로부터 붙여넣기] 대화상자가 나타나면 '피자.png' 파일을 선택한 후 [열기] 단추를 클릭합니다.

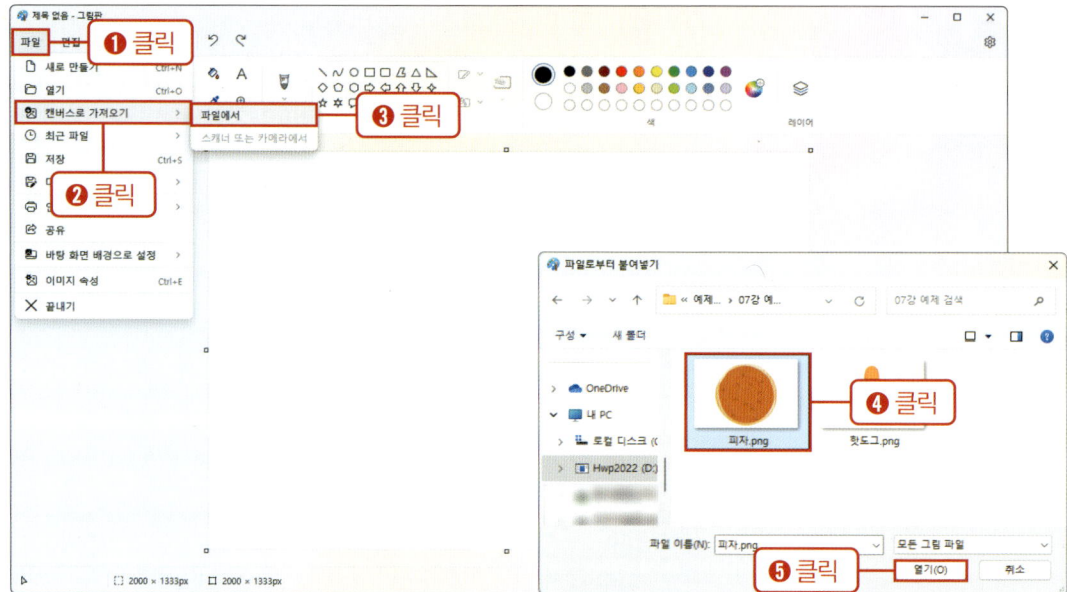

2 이미지가 삽입되면 Ctrl 을 누른 상태로 마우스 휠을 돌려 그리기 영역의 크기를 조절한 후 빈 공간을 클릭하여 이미지 선택을 해제합니다.

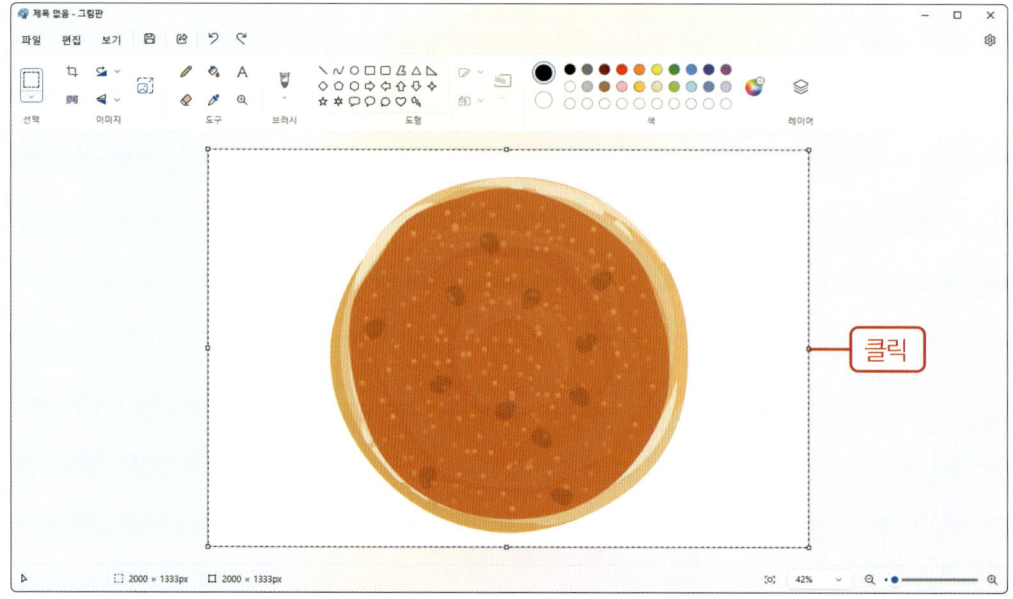

❸ '타원(○)' 도형을 선택하고 [도형 윤곽선(✏)]-[단색 윤곽선]을 클릭합니다.

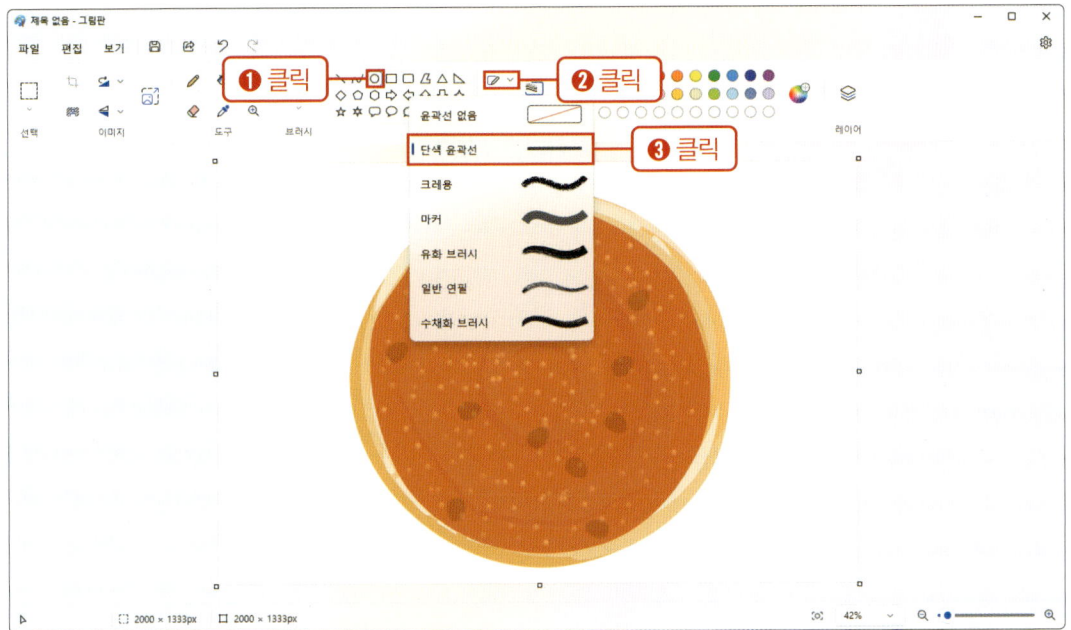

❹ [도형 채우기(🎨)]-[단색 채우기]를 클릭합니다.

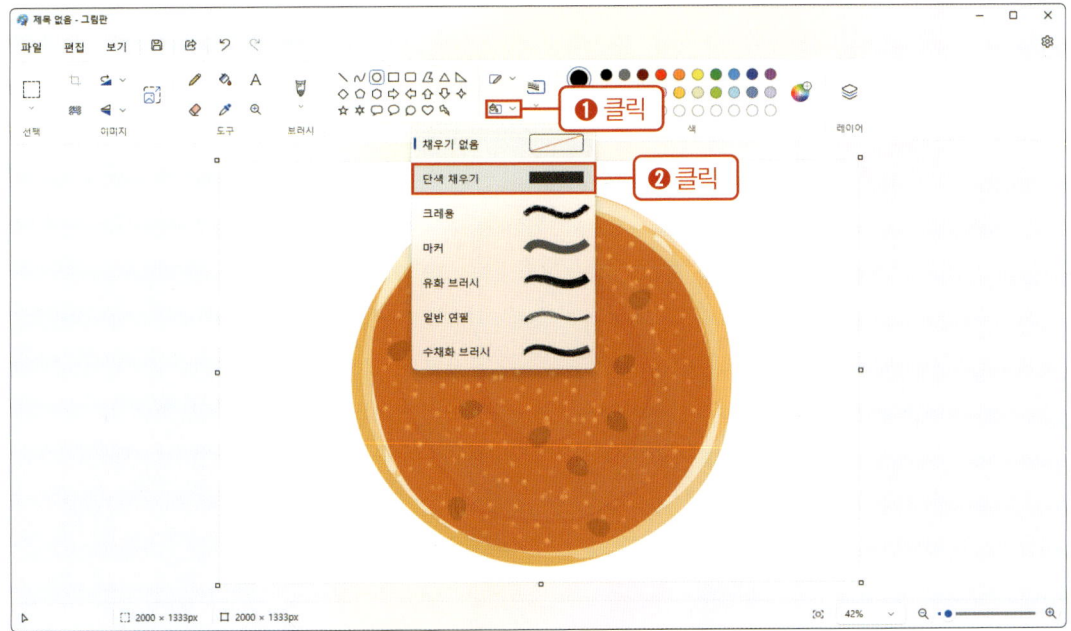

❺ 햄 토핑의 색상을 지정하기 위해 [색 2]를 클릭하여 '빨강'을 선택한 후 피자 이미지 위에서 마우스를 드래그하여 햄 토핑을 그려 봅니다.

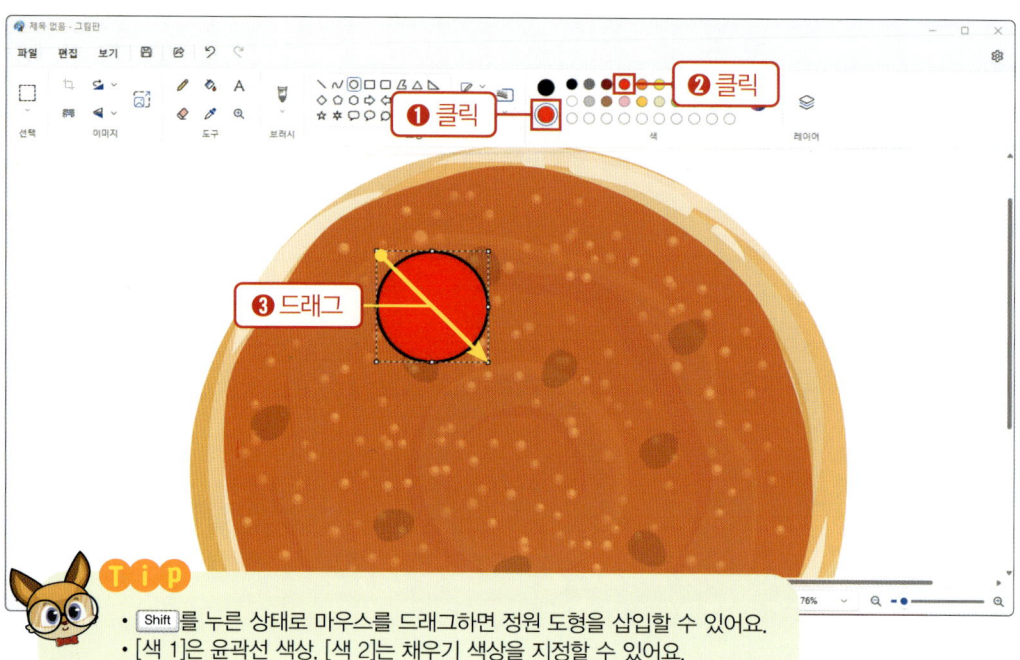

TIP
- Shift 를 누른 상태로 마우스를 드래그하면 정원 도형을 삽입할 수 있어요.
- [색 1]은 윤곽선 색상, [색 2]는 채우기 색상을 지정할 수 있어요.

❻ '직사각형(□)' 도형을 선택한 후 [색 2]를 '녹색'으로 선택하고 그림과 같이 야채 토핑을 그려 봅니다. 이어서 같은 방법으로 다양한 피자 토핑을 그려 봅니다.

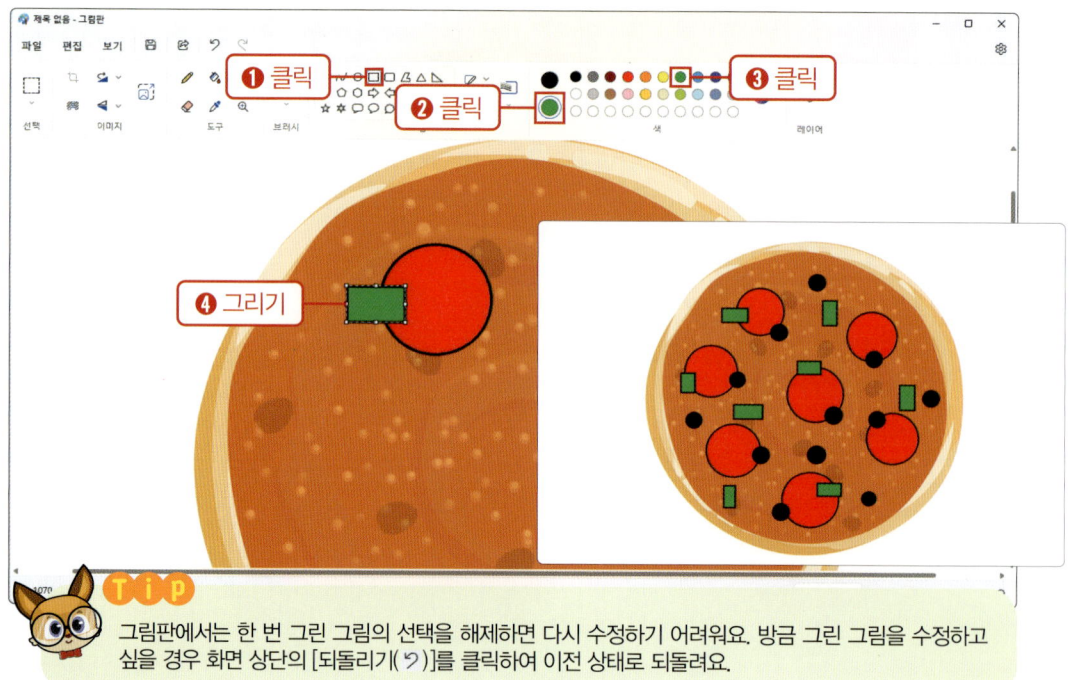

TIP
그림판에서는 한 번 그린 그림의 선택을 해제하면 다시 수정하기 어려워요. 방금 그린 그림을 수정하고 싶을 경우 화면 상단의 [되돌리기(↺)]를 클릭하여 이전 상태로 되돌려요.

❼ 피자 소스를 그리기 위해 [브러시]-[크레용]을 클릭한 후 브러시 크기를 조절합니다.

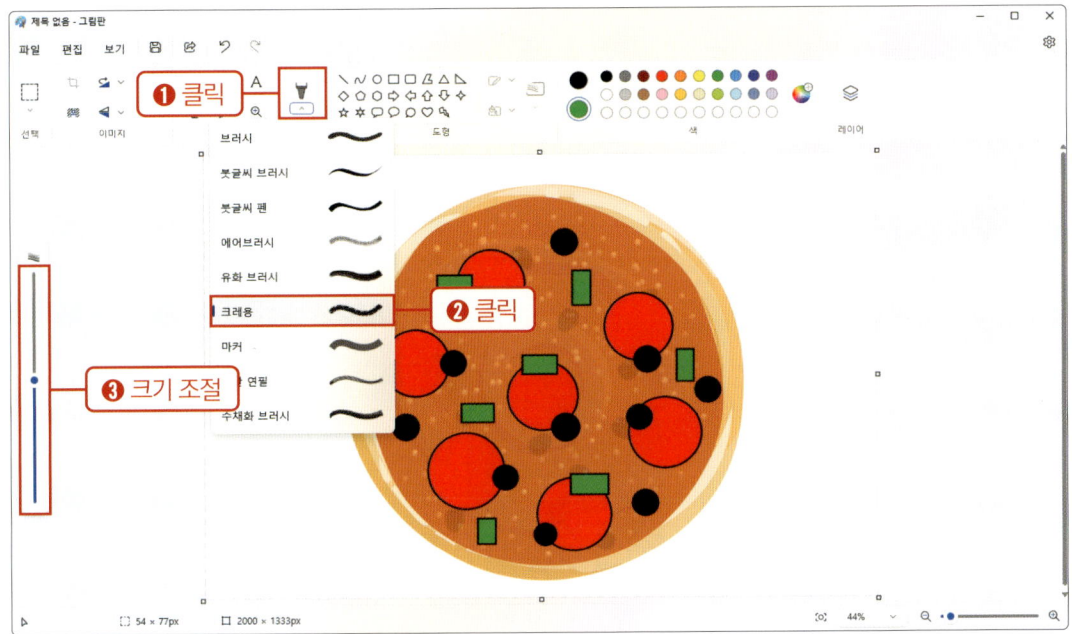

❽ [색 1]을 클릭한 후 '노랑'을 선택하고 마우스를 드래그하여 그림과 같이 피자 소스를 그려 봅니다.

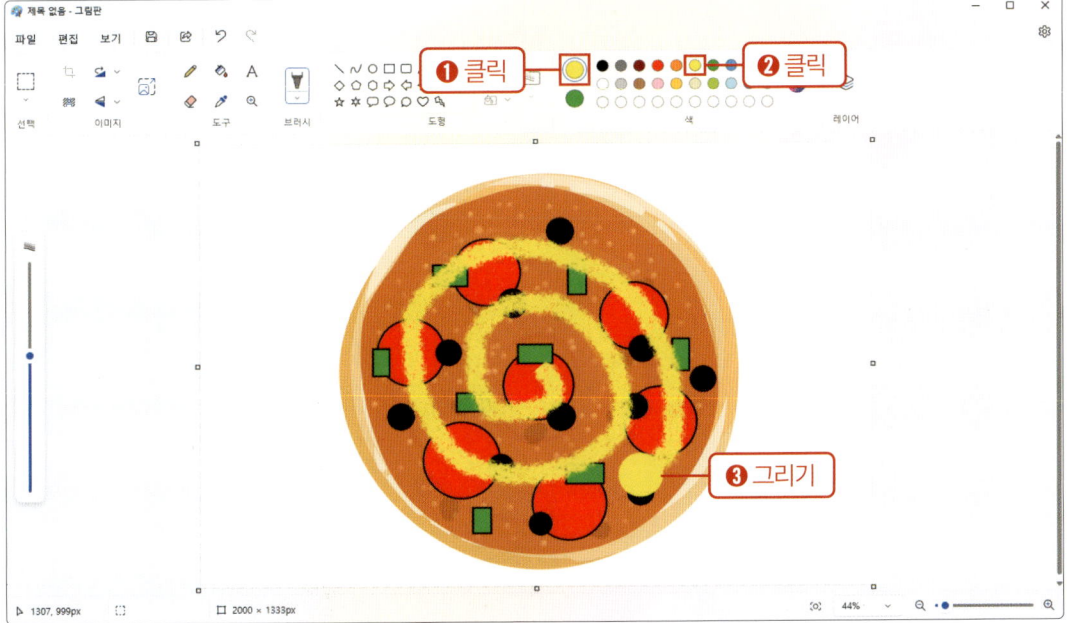

미션 3 선택 도구로 피자를 조각내 보아요.

1 [선택]-[자유 형식]을 클릭한 후 마우스를 드래그하여 그림과 같이 피자를 선택합니다.

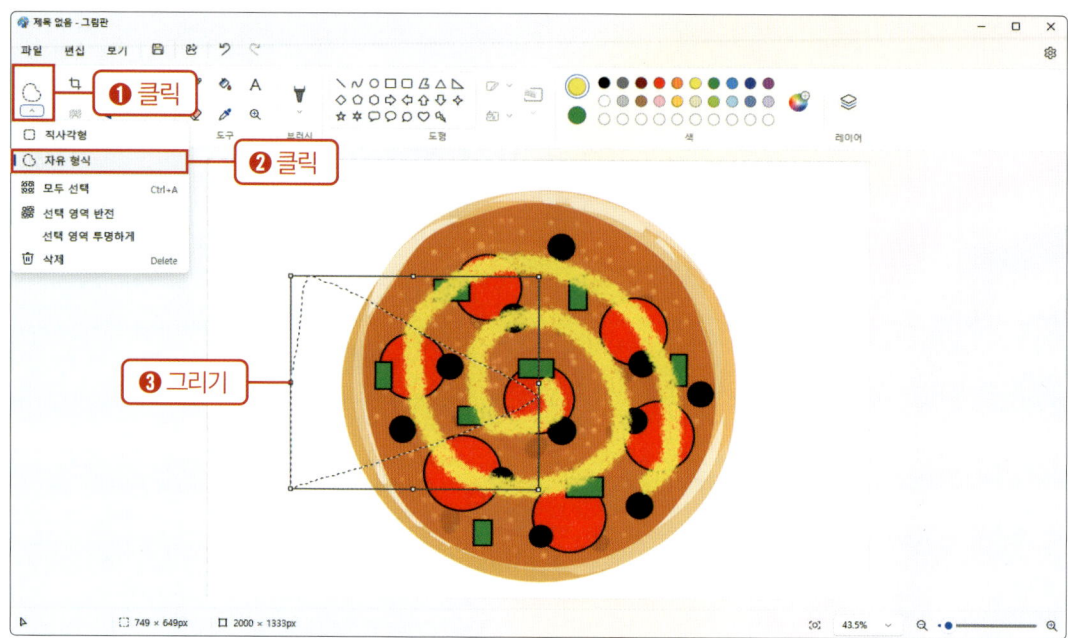

2 선택된 피자를 드래그하여 그림과 같이 피자를 조각내 봅니다.

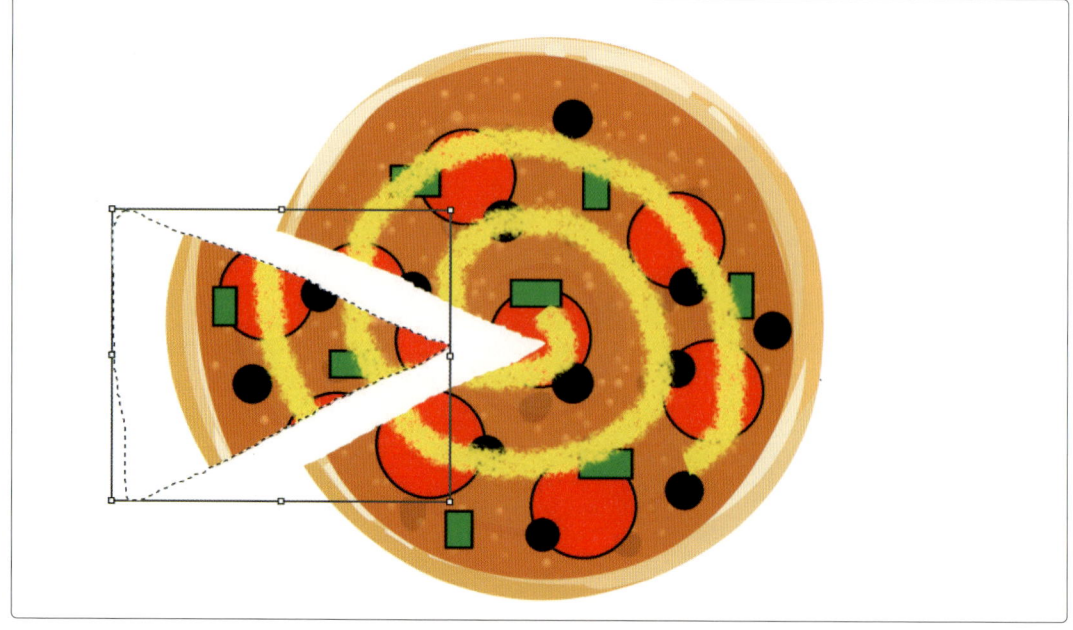

 **미션 4** 배운 내용을 확인해 보아요.

 선생님 확인
 부모님 확인

1 다음 중 그림판에서 확인할 수 <u>없는</u> 도구는 무엇일까요?

① ✏️   ② 🧽

③   ④ 🪣

2 다음 그림판 도구의 기능으로 알맞은 내용을 선으로 연결해 보세요.

🖊️	•	•	그림 영역을 확대합니다.
🔍	•	•	그림에 문자를 입력합니다.
A	•	•	원하는 색을 가져옵니다.
🧽	•	•	그림을 지웁니다.

3 그림판에서 도형을 그릴 때 키보드의 어떤 키를 누르면 가로, 세로 비율을 유지하며 그릴 수 있을까요?

① Shift
② Ctrl
③ Alt
④ Delete

혼자 할 수 있어요!

• 예제 파일 : 핫도그.png
• 완성 파일 : 07강 미션 완성.jpg

01 그림판에 예제 파일을 불러와 그림과 같이 핫도그를 완성해 보세요.

Hint '직사각형' 도형으로 토핑을 그리고 '브러시' 도구로 소스를 그려요.

02 선택 도구를 이용하여 핫도그를 베어 문 효과를 표현해 보세요.

Hint '자유 형식' 선택 도구로 핫도그를 조각내요.

08 알림 영역 활용하기

학습목표
- 알림 영역의 화면 구성을 알아봐요.
- 집중 세션을 설정해 집중 타자 연습을 해요.
- 시계 앱을 알아봐요.

미션 1 · 알림 영역의 화면 구성을 알아보아요.

 작업 표시줄의 알림 영역을 클릭하여 바탕화면에 알림 팝업창이 나타나면 알림 영역의 화면 구성을 살펴 봅니다.

❶ **알림 영역** : 인터넷 연결, 소리 조절, 시계, 입력 방법, 일정 및 프린터, 메신저 등 다양한 알림을 확인하거나 설정할 수 있습니다.

❷ **알림 센터** : 시계를 클릭하면 일정 및 알림을 확인할 수 있는 알림 센터가 실행되며, 알림 아이콘을 이용하여 알림을 켜고 끌 수 있습니다.

❸ **날짜 확인** : 월별, 주별, 일별로 날짜를 확인할 수 있으며, 일정 앱을 이용하여 일정을 추가하고 관리할 수 있습니다.

❹ **집중 세션** : 작업에 집중할 수 있도록 도와주는 기능으로, 특정 시간 동안 집중 세션을 활성화할 수 있습니다.

미션 2 집중 세션을 설정하여 집중 타자 연습을 해 보아요.

1 인터넷 브라우저를 실행하고 한컴 타자(https://www.hancomtaja.com) 사이트에 접속한 후 [타자 연습]-[자리 연습]-[기본자리]를 실행합니다. 알림 영역에서 시계를 클릭하여 날짜가 나티니면 시간을 '5'분으로 조절하고 [집중]을 클릭합니다.

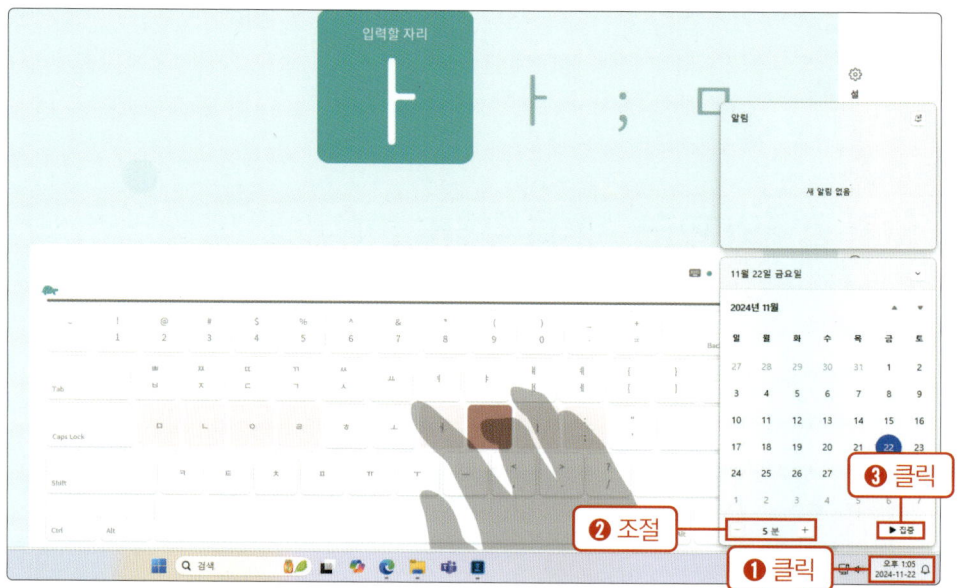

2 '집중 세션'이 시작되면 5분 동안 타자 연습을 해보고 집중 세션이 종료되고 알람이 나타나는지 확인한 후 [해제]를 클릭합니다.

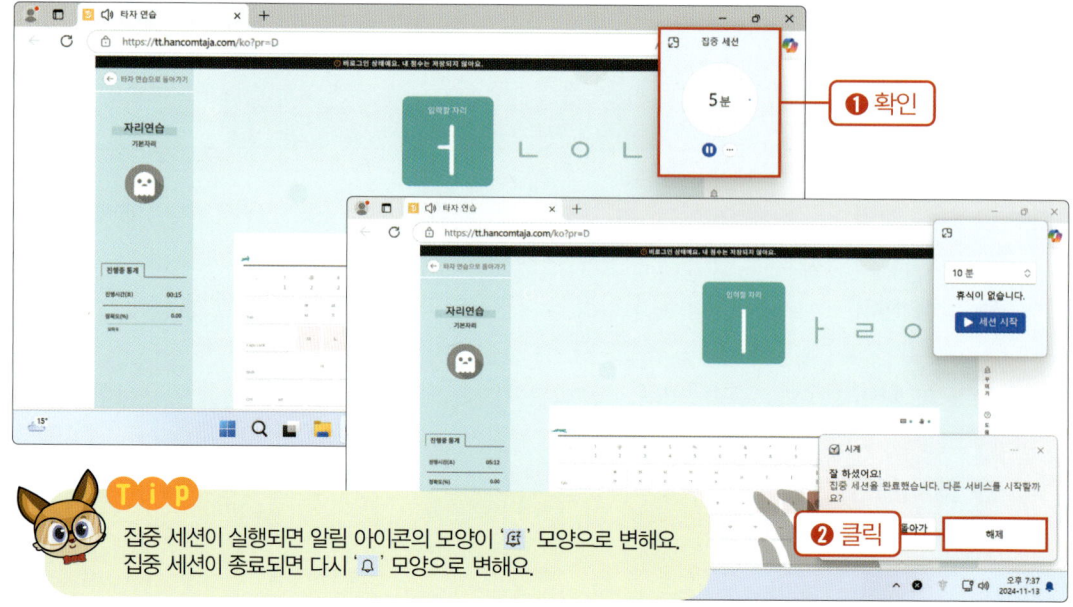

Tip 집중 세션이 실행되면 알림 아이콘의 모양이 ' 🌙 ' 모양으로 변해요.
집중 세션이 종료되면 다시 ' 🔔 ' 모양으로 변해요.

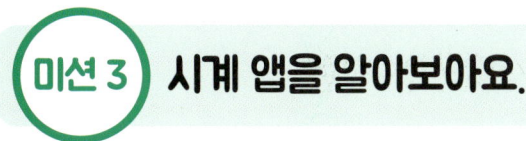 **시계 앱을 알아보아요.**

① 알림 영역에서 시계를 클릭하고 [집중]을 클릭한 후 [전체 보기로 돌아가기(⬚)]를 클릭합니다.

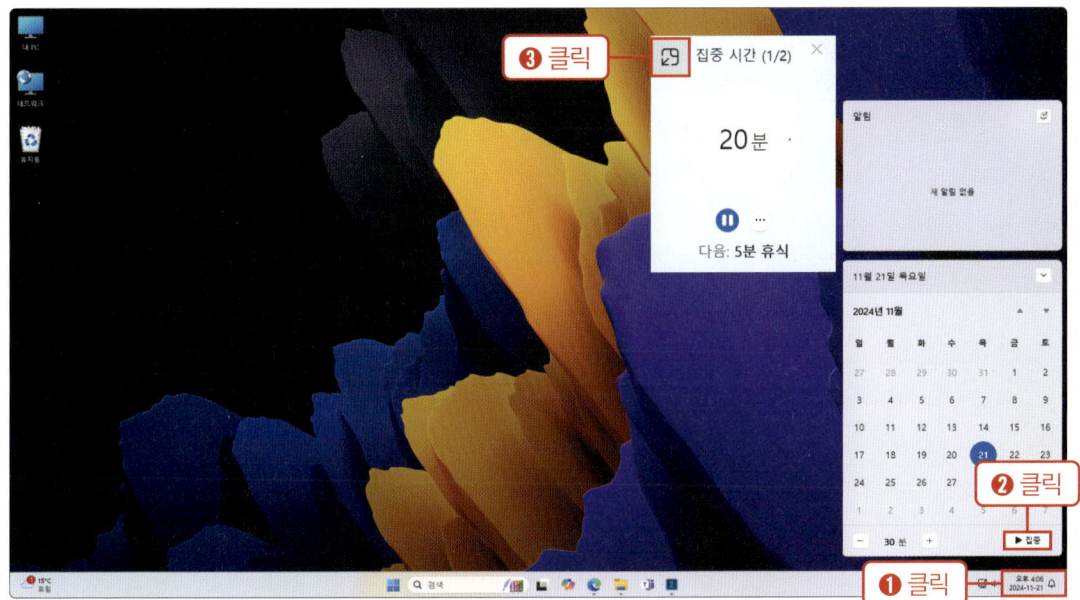

② 시계 앱이 실행되면 시계 앱의 화면 구성을 살펴 봅니다.

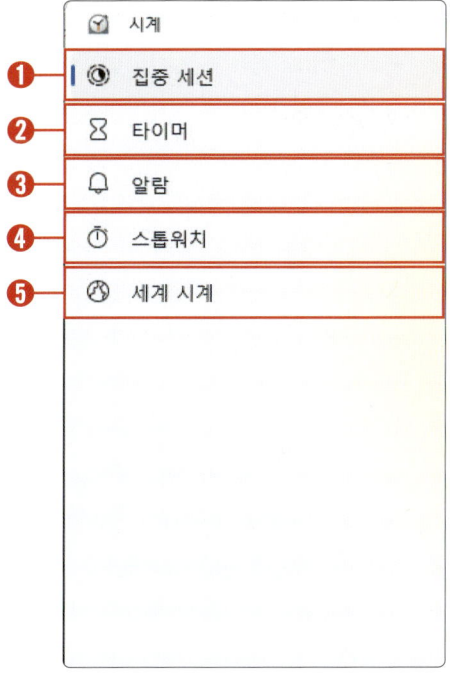

❶ **집중 세션** : 작업에 집중할 수 있도록 도와주는 기능으로 이 모드를 활성화하면 알림이 차단되어 방해받지 않고 작업할 수 있습니다.

❷ **타이머** : 사용자가 설정한 시간 동안 카운트다운을 진행하는 기능입니다.

❸ **알람** : 사용자가 원하는 시간에 알림을 받을 수 있도록 설정할 수 있는 기능입니다.

❹ **스톱워치** : 시간을 측정할 수 있는 기능으로, 시작, 일시 정지, 재개 및 초기화 기능이 포함되어 있습니다.

❺ **세계 시계** : 다양한 시간대를 추가하여 전 세계의 시간을 한눈에 볼 수 있는 기능입니다.

❸ 여행을 가고 싶은 나라의 현재 시간을 알아보기 위해 [세계 시계]를 클릭하고 [추가(➕)]를 클릭한 후 [새 위치 추가] 입력 칸을 클릭합니다.

❹ 나라를 입력한 후 [추가]를 클릭하여 여행 가고 싶은 나라의 현재 시간을 확인해 봅니다.

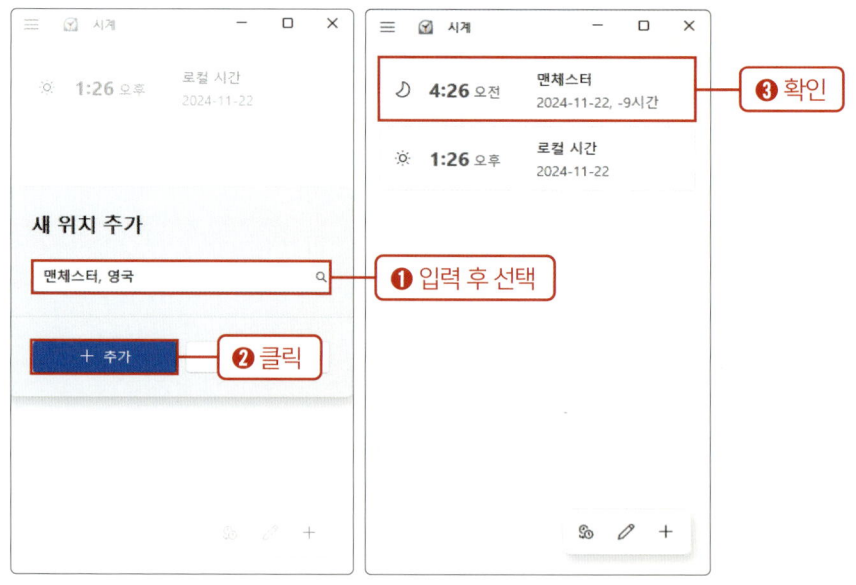

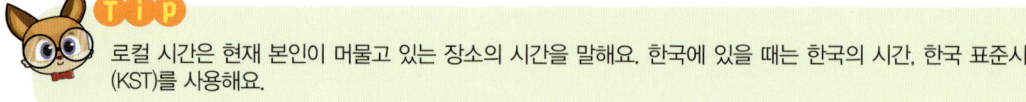

로컬 시간은 현재 본인이 머물고 있는 장소의 시간을 말해요. 한국에 있을 때는 한국의 시간, 한국 표준시(KST)를 사용해요.

 **미션 4** 배운 내용을 확인해 보아요.

1 다음 중 알림 영역에서 시계 화면을 클릭하면 사용할 수 있는 기능은 무엇일까요?

① 집중 세션 실행
② 배경화면 설정
③ 파일 탐색기 실행
④ 프로그램 종료

2 날짜 및 시간을 변경하려면 다음 중 어느 위치에서 마우스 오른쪽 단추를 클릭해야 할까요?

①

②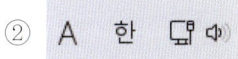

③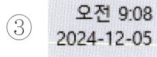

④

3 다음 중 알림 영역에서 확인할 수 없는 것은 무엇일까요?

① 네트워크 상태
② 시간 및 날짜
③ 스피커
④ 실행 중인 문서

08 혼자 할 수 있어요!

• 완성 파일 : 08강 미션 완성.txt

01 집중 세션을 10분으로 설정한 후 메모장에서 애국가를 입력해 보세요.

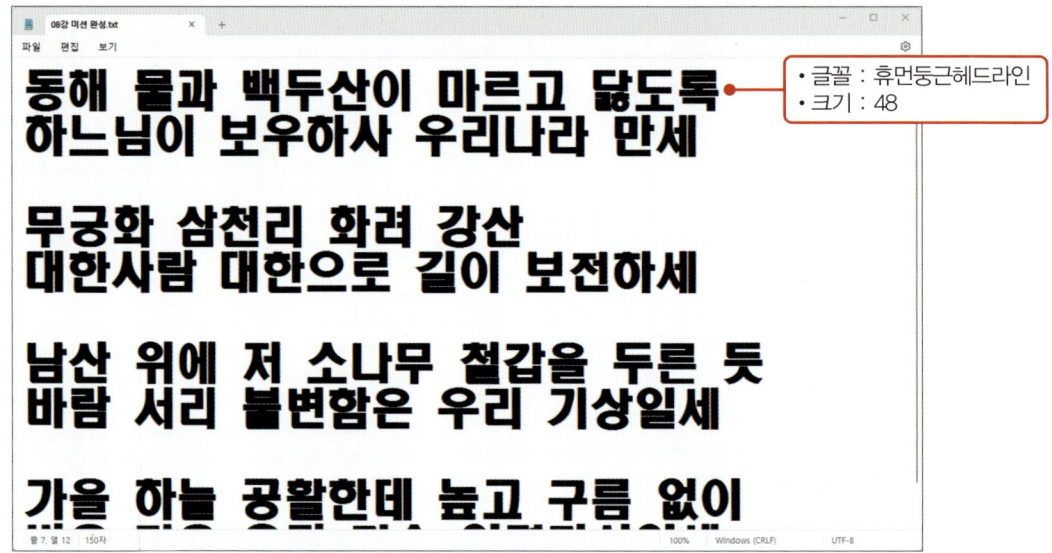

• 글꼴 : 휴먼둥근헤드라인
• 크기 : 48

02 시계 앱에서 '나이아가라 폭포, ON, 캐나다'의 현재 시간을 확인해 보세요.

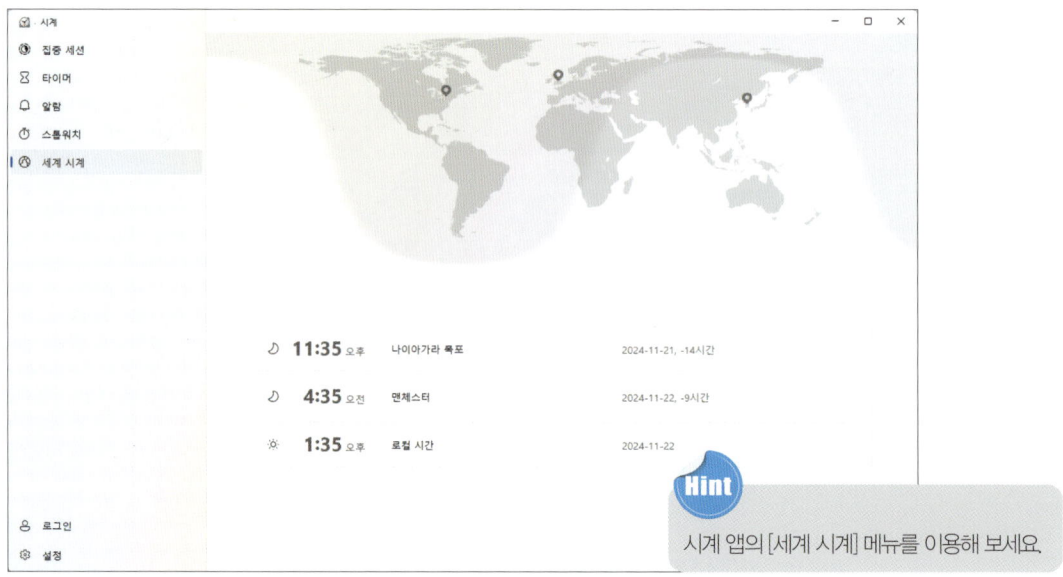

Hint 시계 앱의 [세계 시계] 메뉴를 이용해 보세요.

09 사진 앱으로 사진 감상하기

학습목표

- 사진 앱으로 사진을 불러와요.
- 사진 앱의 화면 구성을 알아봐요.
- 사진으로 슬라이드 쇼를 만들어요.

▶ 예제 파일 : [사진] 폴더

 사진 앱으로 사진을 불러와 보아요.

① [시작(■)]-[모든 앱]-[사진]을 클릭하여 사진 앱을 실행한 후 [탐색 열기]-[폴더 추가(■)]를 클릭합니다.

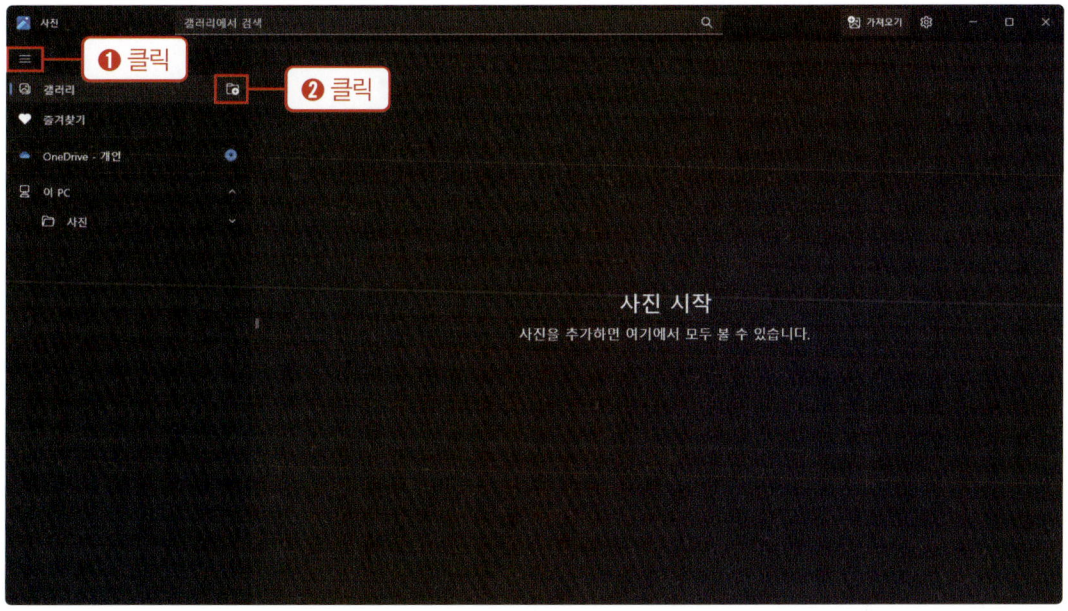

❷ [폴더 선택] 대화상자가 나타나면 '사진' 폴더를 선택한 후 [폴더 선택] 단추를 클릭합니다.

❸ '사진' 폴더에 저장되어 있는 이미지들이 갤러리에 추가되면 이미지를 확인해 봅니다.

Tip
'사진' 폴더를 추가하는 데 오랜 시간이 걸린다면 사진 앱을 종료했다가 다시 실행해 봐요.

 **사진 앱의 화면 구성을 알아보아요.**

① 사진 앱의 화면 구성을 살펴 봅니다.

① **탐색 열기** : 상세 카테고리를 펼칠 수 있습니다.
② **갤러리** : 사진과 비디오를 불러올 수 있고 불러온 사진이나 비디오를 확인할 수 있습니다.
③ **슬라이드 쇼 시작** : 사진을 감상할 수 있는 다양한 기능을 설정할 수 있습니다.
④ **정렬** : 미디어를 날짜, 이름, 크기 등을 기준으로 정렬할 수 있습니다.
⑤ **필터** : 필터를 적용하여 원하는 미디어 파일을 쉽게 찾을 수 있습니다.
⑥ **갤러리 유형 및 크기** : 갤러리의 표시 방식을 변경할 수 있습니다.
⑦ **자세히 보기** : 미디어를 한 번에 선택하거나 선택을 취소할 수 있습니다.

 갤러리로 불러온 미디어를 삭제하면, 컴퓨터에 저장되어 있던 해당 미디어의 원본 파일도 함께 삭제되므로 삭제하기 전에 해당 미디어가 정말로 삭제해도 되는 것인지 확인하는 것이 중요해요.

 **사진으로 슬라이드 쇼를 만들어 보아요.**

① [자세히 보기(…)]-[모두 선택]을 클릭한 후 [슬라이드 쇼 시작(▶)]을 클릭합니다.

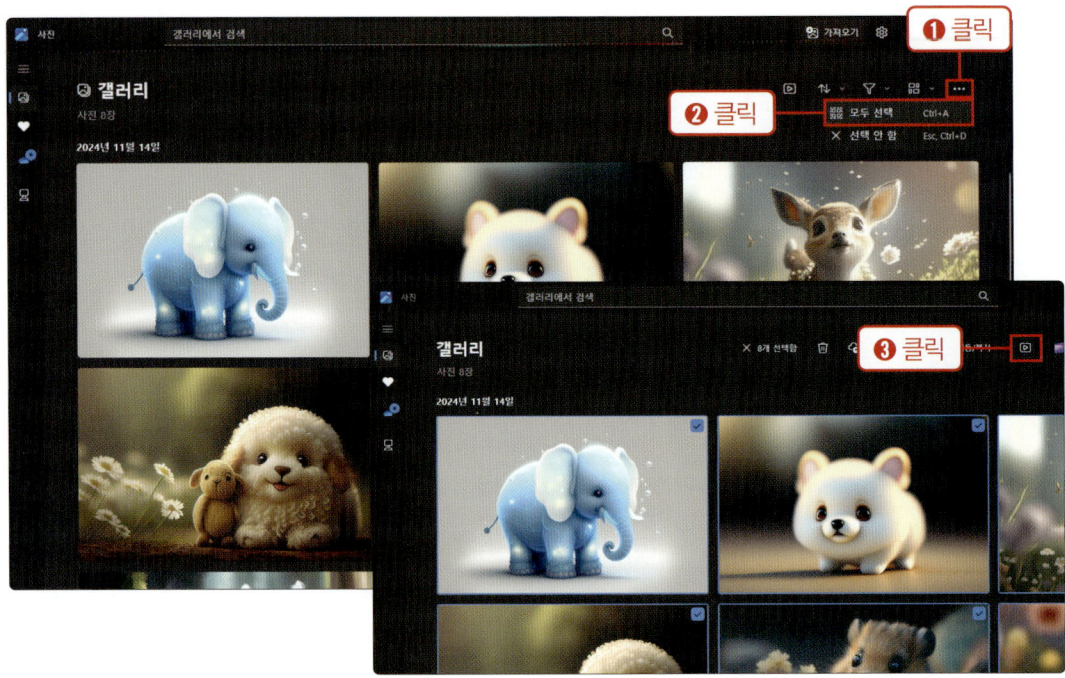

② 슬라이드 쇼가 시작되면 원하는 음악을 선택하고 슬라이드 쇼를 감상한 후 [슬라이드 쇼 종료]를 클릭합니다.

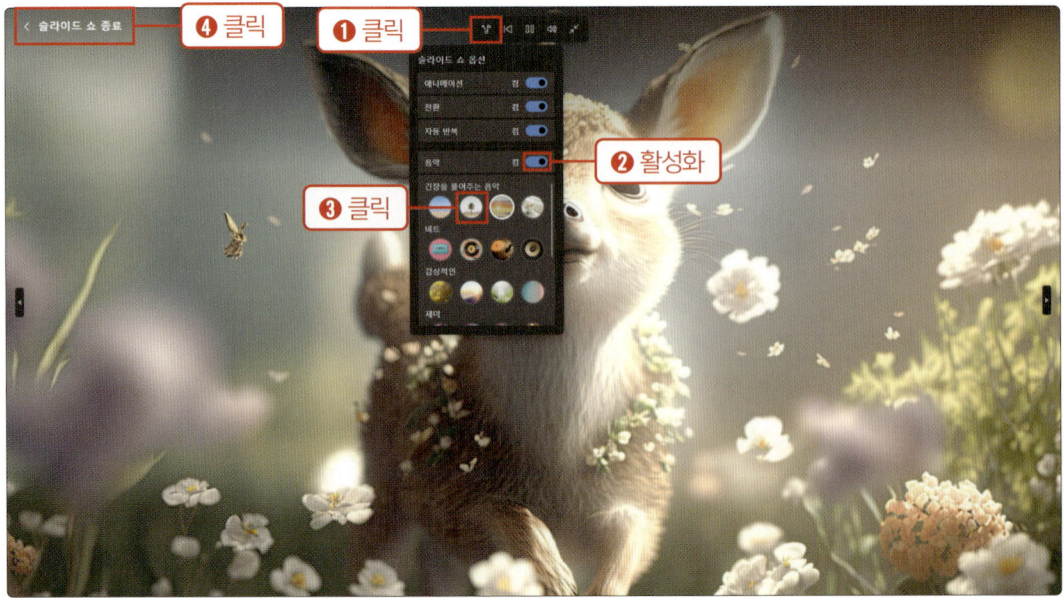

 **배운 내용을 확인해 보아요.**

① 사진 앱 메뉴의 역할로 알맞은 내용을 선으로 연결해 보세요.

▶	● — ●	갤러리의 표시 방식을 변경합니다.
▦	● — ●	미디어를 날짜, 이름, 크기 등을 기준으로 정렬합니다.
↑↓	● — ●	필터를 적용하여 미디어 파일을 쉽게 찾습니다.
▽	● — ●	사진을 슬라이드 쇼로 감상합니다.

② 사진 앱의 슬라이드 쇼에 대한 설명을 확인하고 O, X로 체크해 보세요.

① 슬라이드 쇼에서 배경 음악을 변경할 수 있어요.

② 사진 앱을 실행하면 슬라이드 쇼가 바로 실행돼요.

③ 슬라이드 쇼에는 화면 전환 효과가 포함되어 있어요.

④ 슬라이드 쇼로 감상한 영상은 별도로 저장할 수 있어요.

09 혼자 할 수 있어요!

• 예제 파일 : [이미지] 폴더

01 사진 앱에서 '이미지' 폴더를 갤러리에 추가해 보세요.

02 불러온 사진을 슬라이드 쇼로 감상해 보세요.

10 추억 가득 사진 편집하기

학습목표
- 사진 앱 편집 화면의 구성을 알아봐요.
- 사진 앱의 편집 기능을 이용하여 사진을 꾸며요.

▶ 예제 파일 : [사진] 폴더
▶ 완성 파일 : 10강 완성.jpg

미션 1   사진 앱 편집 화면의 구성을 알아보아요.

① [시작(⊞)]-[모든 앱]-[사진]을 클릭하여 사진 앱을 실행한 후 [탐색 열기]-[폴더 추가()]를 클릭하고 '사진' 폴더를 추가합니다.

② 갤러리에 추가된 이미지를 선택하고 [편집(✎)]을 클릭합니다.

TiP 불러올 사진 파일을 갤러리로 드래그하여 사진을 추가할 수도 있어요.

❸ 편집 창이 나타나면 편집 창의 화면 구성을 알아 봅니다.

❶ **화면 보기 아이콘** : 이미지의 크기를 확대하거나 축소합니다.
❷ **편집 취소 및 재설정** : 편집한 내용을 되돌리거나 초기화할 수 있습니다.
❸ **자르기** : 사진 자르기, 회전, 대칭 이동 등 원하는 구도로 편집할 수 있습니다.
❹ **조정** : 밝기, 대비, 채도 등 사진의 색상과 밝기를 직접 조정할 수 있습니다.
❺ **필터** : 다양한 필터를 적용하여 사진의 분위기를 변화시킬 수 있습니다.
❻ **변경 내용** : 사진에 그림을 그리거나 글씨를 쓸 수 있습니다.
❼ **지우기** : 사진에서 삭제하고 싶은 개체를 AI 기술로 제거합니다.
❽ **배경** : 배경을 흐리게 하거나 제거하거나 변경할 수 있습니다.
❾ **작업 창** : 사진 편집이 진행되는 공간입니다.
❿ **저장 옵션** : 편집이 완료된 사진을 옵션을 지정하여 저장할 수 있습니다.

 **사진 앱의 편집 기능을 이용하여 사진을 꾸며 보아요.**

① [필터(　)]를 클릭한 후 화면 오른쪽에 속성 창이 나타나면 [자동 보정]을 클릭합니다.

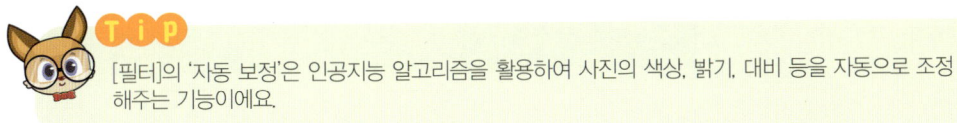

TIP [필터]의 '자동 보정'은 인공지능 알고리즘을 활용하여 사진의 색상, 밝기, 대비 등을 자동으로 조정해주는 기능이에요.

② 주인공을 제외한 인물을 제거하기 위해 [지우기(　)]를 클릭한 후 브러시 크기를 조절합니다.

3 마우스를 드래그하여 사진 속 인물을 제거해 봅니다.

4 [배경(🖼)]을 클릭한 후 [흐리게]를 클릭하고 흐리기 강도를 조절합니다.

5 [자르기(⌗)]를 클릭한 후 자르기 영역을 드래그하여 그림과 같이 영역을 지정합니다.

6 [저장 옵션]-[저장]을 클릭한 후 이미지 보기 창이 나타나면 [자세히 보기(⋯)]-[다른 이름으로 저장]을 클릭하여 완성한 작품을 저장합니다.

 **미션 3** **배운 내용을 확인해 보아요.**

① 다음 사진의 배경 적용 방식으로 알맞은 내용을 선으로 연결해 보세요.

흐리게 ● ●

제거 ● ●

바꾸기 ● ●

② 사진을 자동 보정할 수 있는 메뉴는 무엇일까요?

① 자르기
② 조정
③ 필터
④ 지우기

③ 사진 앱 편집 기능에 대한 설명으로 옳지 <u>않은</u> 것은 무엇일까요?

① 편집한 사진을 초기화할 수 있습니다.
② 사진을 좌우 대칭할 수 없습니다.
③ 사진의 배경을 단색으로 변경할 수 있습니다.
④ 사진의 특정 부분을 자연스럽게 제거할 수 있습니다.

10 혼자 할 수 있어요!

• 예제 파일 : [이미지] 폴더
• 완성 파일 : 10강 미션 완성1.jpg, 10강 미션 완성2.jpg

01 사진 앱의 편집 기능을 이용하여 그림과 같이 사진을 편집해 보세요.

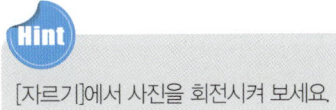
[자르기]에서 사진을 회전시켜 보세요.

02 사진 앱의 편집 기능을 이용하여 그림과 같이 사진을 편집해 보세요.

[배경]에서 배경을 단색으로 변경해 보세요.

11 윈도우 창 알아보기

학습목표
• 윈도우 창을 살펴봐요.
• 윈도우 창을 제어해요.

미션 1 윈도우 창을 살펴 보아요.

① [⊞]+[E]를 눌러 윈도우 창을 실행하고 창의 생김새와 도구의 기능에 대해 살펴 봅니다.

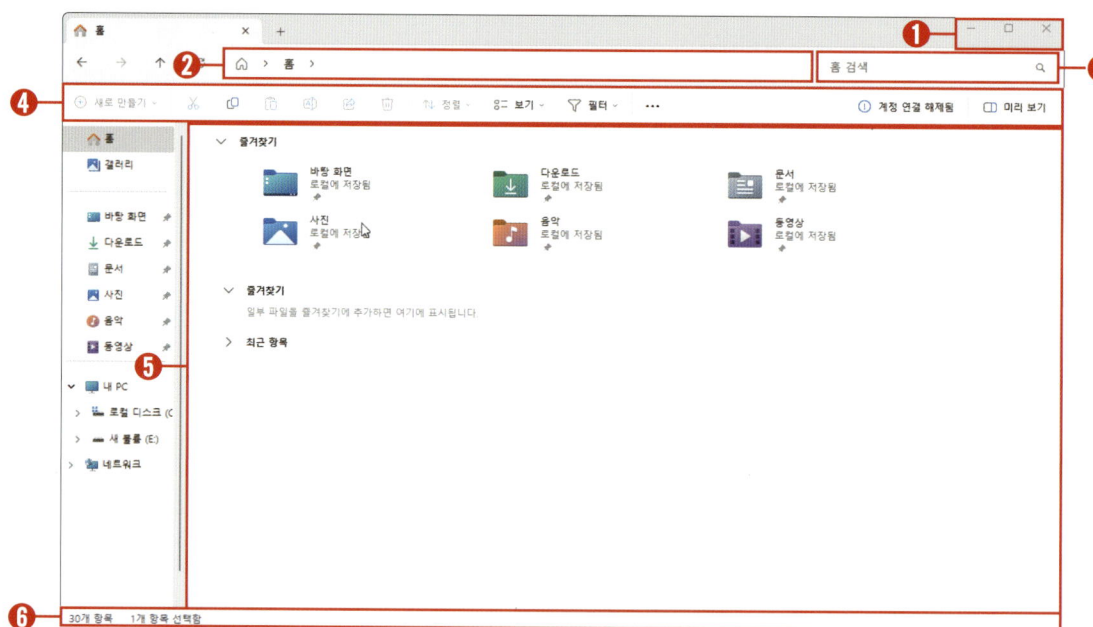

❶ **창 제어 단추** : 창의 크기를 최대화, 최소화하거나 창을 닫습니다.
❷ **주소 표시줄** : 현재 위치한 폴더의 경로를 보여줍니다.
❸ **검색 상자** : 현재 폴더 내에서 특정 파일이나 폴더를 검색할 수 있습니다.
❹ **툴바** : 새 폴더 만들기, 복사, 붙여넣기 등 빠르게 메뉴를 실행할 수 있습니다.
❺ **파일 및 폴더 목록** : 선택된 폴더 내의 파일과 폴더 목록이 표시됩니다.
❻ **상태 표시줄** : 현재 선택된 파일이나 폴더의 개수, 용량 등의 정보를 표시합니다.

 **미션 2** 윈도우 창을 제어해 보아요.

❶ 윈도우 창의 제어 단추로 창의 크기를 조절해 봅니다.

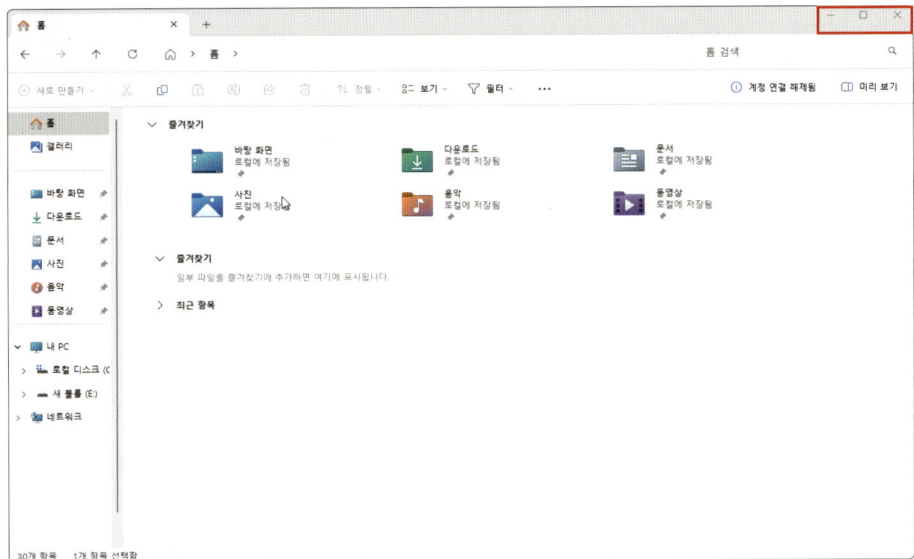

❶ **최대화(□)** : 윈도우 창을 화면 전체로 확장합니다.
❷ **최소화(−)** : 윈도우 창을 작업 표시줄로 숨깁니다.
❸ **이전 크기로 복원(□)** : 윈도우 창을 최대화하기 전의 크기로 변경합니다.

❷ 창 제목 표시줄을 더블클릭하여 창의 크기를 '최대화/이전 크기'로 변경해 봅니다.

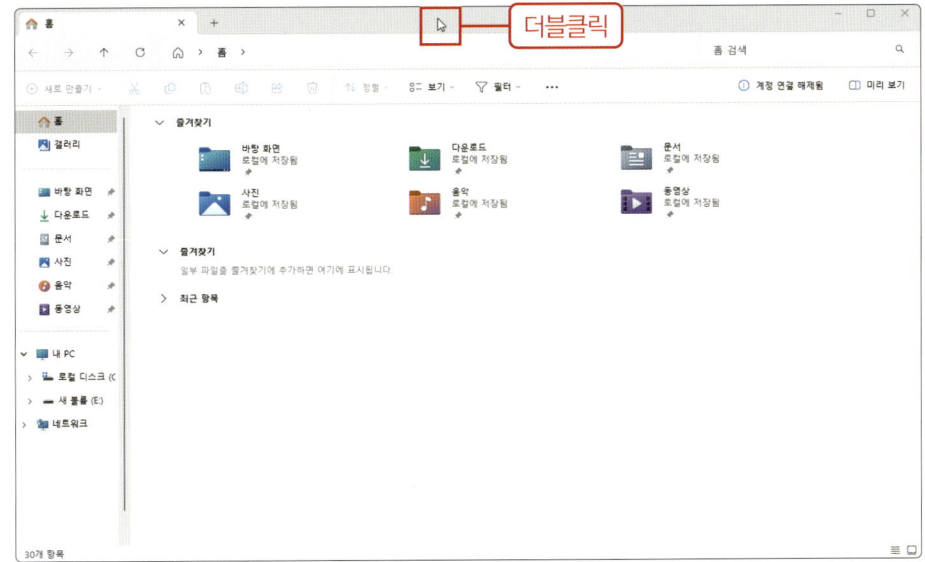

③ 윈도우 창의 '상하좌우' 모서리에 마우스 포인터를 위치시킨 후 드래그하여 윈도우 창의 크기를 조절해 봅니다.

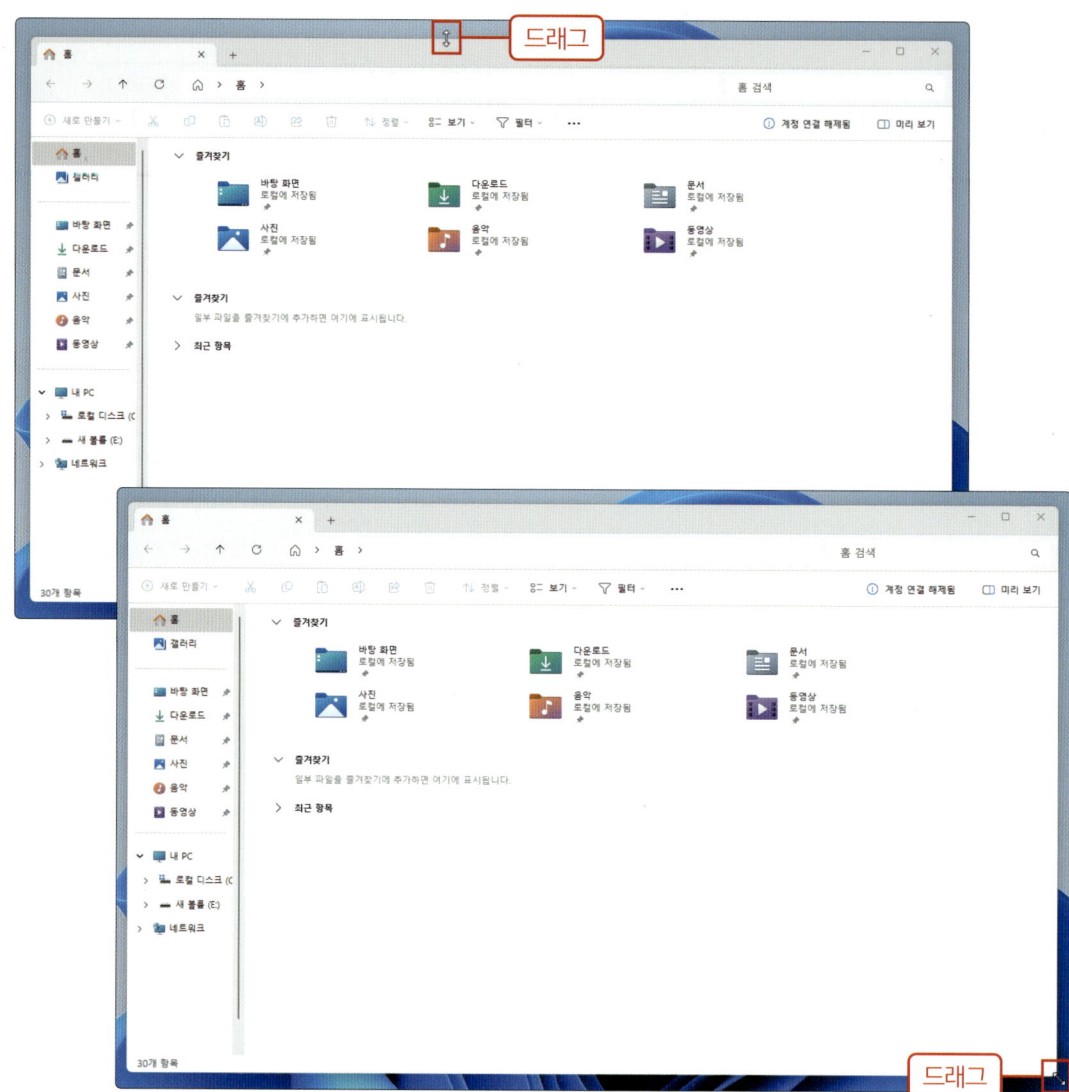

④ 창 제목 표시줄을 클릭한 후 드래그하여 창을 이동시켜 보고, [닫기(×)] 단추를 클릭하여 창을 닫아 봅니다.

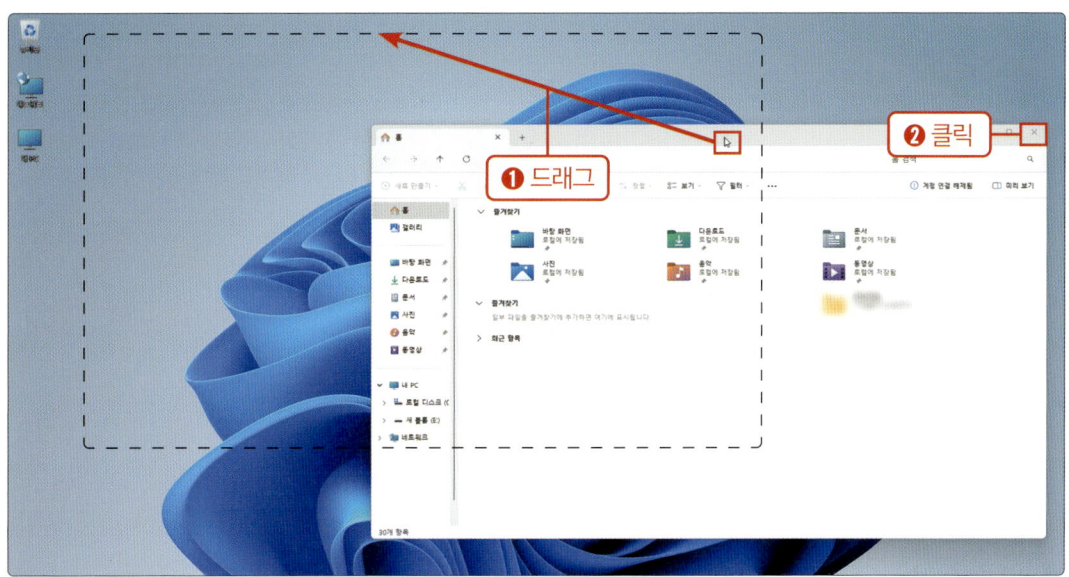

⑤ [⊞]+[E]를 눌러 윈도우 창을 다시 실행한 후 [Alt]+[F4]를 눌러 다시 창을 닫아 봅니다.

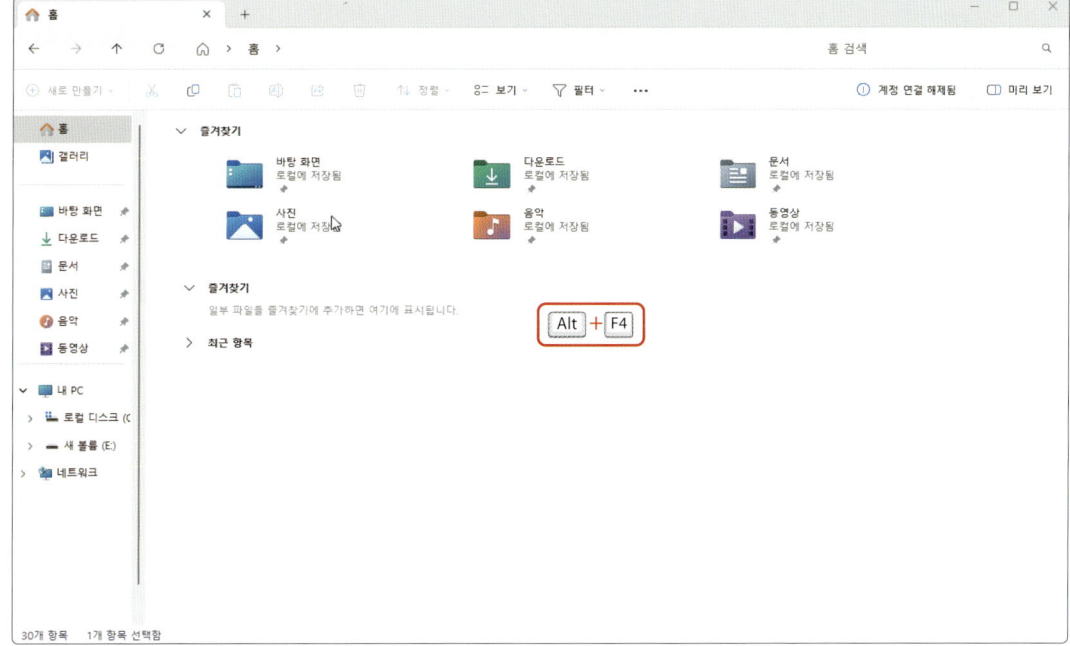

 **배운 내용을 확인해 보아요.**

선생님 확인   부모님 확인

1 다음 마우스 포인터의 모양 중 창의 크기를 조절할 수 있는 모양은 무엇일까요?

① ▱? ② ▱

③ ▱○ ④ ↔

2 창 제어 단추와 그에 맞는 기능을 선으로 연결해 보세요.

─	•	•	최대화
□	•	•	최소화
✕	•	•	이전 크기로 복원
⧉	•	•	닫기

3 다음 중 창 닫기 단축키는 무엇일까요?

① Alt + F3 ② Alt + F4
③ Ctrl + F3 ④ Ctrl + F4

혼자 할 수 있어요!

01 그림과 같이 마우스를 이용하여 창의 크기를 조절해 보세요.

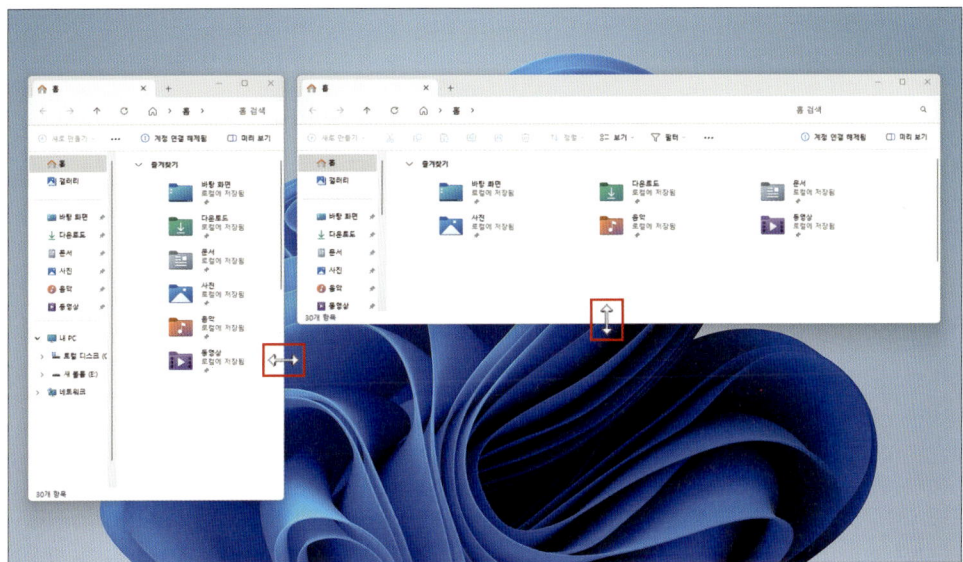

02 그림과 같이 창 제어 단추를 이용하여 창의 크기를 변경해 보세요.

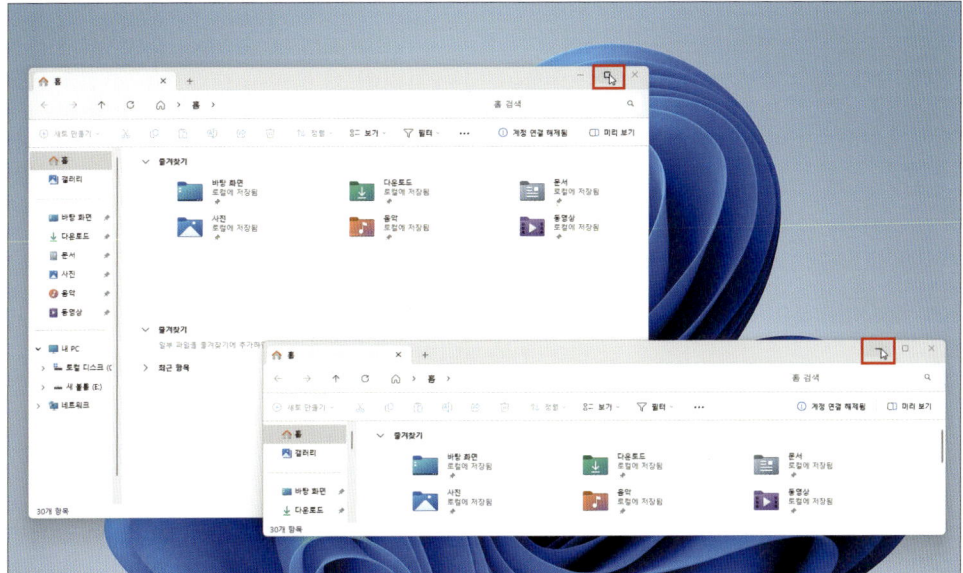

12 인터넷 탐험하기

학습목표

- 마이크로소프트 엣지 브라우저의 화면 구성을 알아봐요.
- 자주 찾는 사이트를 검색하고 즐겨찾기로 추가해요.
- 화면을 분할하여 여러 페이지를 한 번에 확인해요.

미션 1 마이크로소프트 엣지 브라우저의 화면 구성을 알아보아요.

① [시작()]-[모든 앱]-[Microsoft Edge]를 클릭하거나 바탕화면의 [Microsoft Edge] 아이콘(●)을 더블클릭하여 마이크로소프트 엣지 브라우저를 실행한 후 화면 구성을 살펴봅니다.

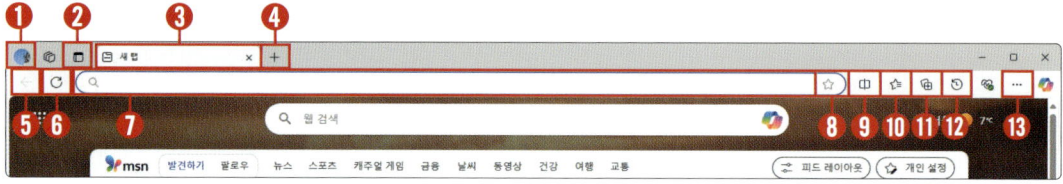

❶ **프로필** : 현재 마이크로소프트 엣지 브라우저에 로그인된 계정의 프로필이 표시됩니다.
❷ **탭 작업 메뉴** : 탭의 위치를 가로 또는 세로로 변경하고 검색 기록을 확인하며, 열려 있는 탭을 컬렉션에 추가할 수 있습니다.
❸ **제목 표시줄** : 접속된 사이트의 제목이 표시됩니다.
❹ **새 탭** : 새로운 탭을 추가할 수 있습니다.
❺ **뒤로/앞으로** : 현재 보고 있는 사이트의 이전 페이지 또는 다음 페이지로 이동할 수 있습니다.
❻ **새로 고침** : 현재 페이지를 새로 고침하여 다시 접속할 수 있습니다.
❼ **주소 표시줄** : 현재 보고 있는 사이트의 주소가 표시됩니다.
❽ **이 페이지를 즐겨찾기에 추가** : 현재 열려 있는 사이트를 즐겨찾기에 추가할 수 있습니다.
❾ **분할 화면** : 하나의 브라우저 창에 2개 사이트의 화면을 띄워 놓을 수 있습니다.
❿ **즐겨찾기** : 즐겨찾기 목록을 확인할 수 있습니다.
⓫ **컬렉션** : 스크랩과 유사한 기능으로, 온라인에서 찾은 콘텐츠를 저장하고 공유할 수 있습니다.
⓬ **기록** : 최근에 접속했던 페이지의 목록이 표시됩니다.
⓭ **설정 및 기타** : 마이크로소프트 엣지의 다양한 기능을 설정하고 추가할 수 있습니다.

 **자주 찾는 사이트를 검색하여 즐겨찾기로 추가해 보아요.**

① 주소 표시줄에 "www.naver.com"을 입력하고 Enter 를 눌러 네이버 사이트에 접속합니다.

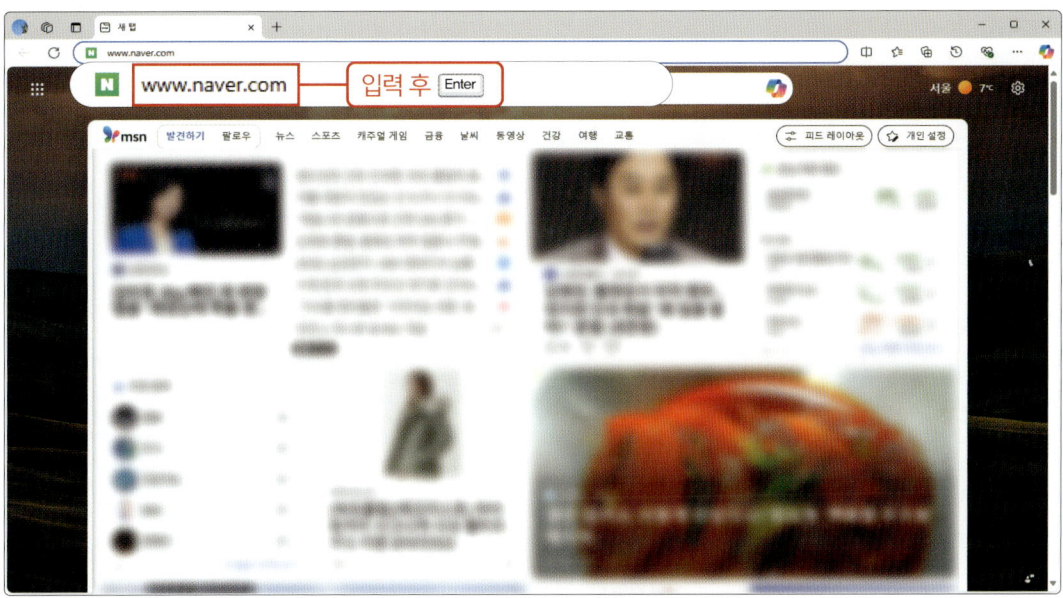

② 네이버 사이트를 즐겨찾기로 추가하기 위해 주소 표시줄 오른쪽의 [이 페이지를 즐겨찾기에 추가(☆)]를 클릭합니다. [즐겨찾기 추가됨] 팝업창이 나타나면 이름을 "네이버"로 입력하고 저장 폴더를 선택한 후 [완료] 단추를 클릭합니다.

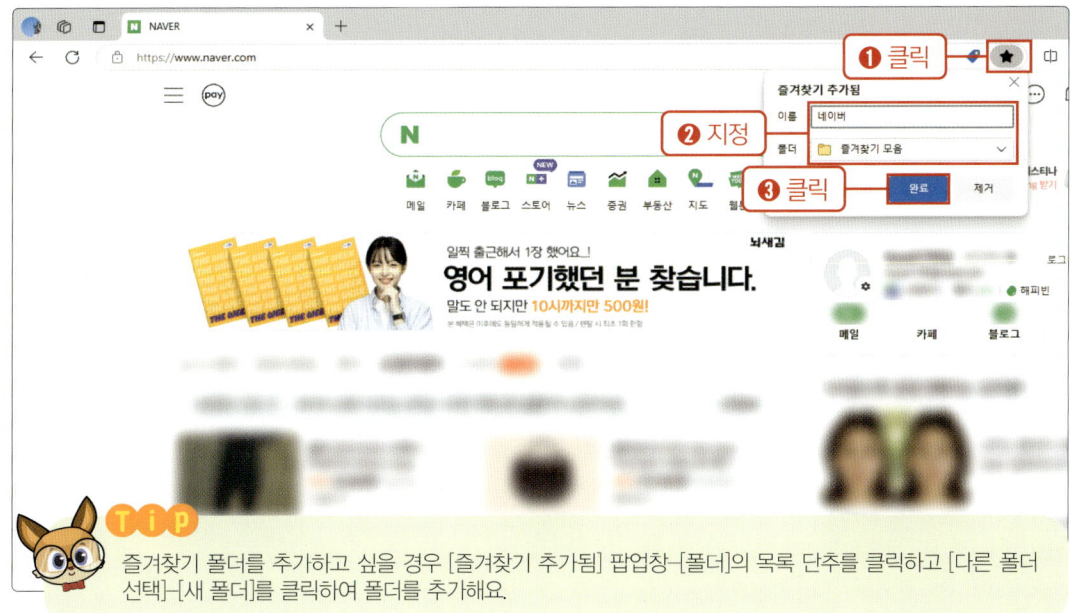

Tip 즐겨찾기 폴더를 추가하고 싶을 경우 [즐겨찾기 추가됨] 팝업창-[폴더]의 목록 단추를 클릭하고 [다른 폴더 선택]-[새 폴더]를 클릭하여 폴더를 추가해요.

❸ [즐겨찾기(☆)]를 클릭하여 '네이버' 사이트가 즐겨찾기 목록에 추가된 모습을 확인합니다.

❹ [즐겨찾기] 팝업창에서 [기타 옵션(⋯)]을 클릭하고 [즐겨찾기 모음 표시]-[항상]을 클릭하여 주소 표시줄 아래쪽에 즐겨찾기 모음이 표시되는 것을 확인합니다.

 **화면을 분할하여 여러 페이지를 한 번에 확인해 보아요.**

① 화면 오른쪽 상단의 도구 모음 목록에서 [분할 화면(⊞)]을 클릭하거나 [설정 및 기타(⋯)]-[분할 화면]을 클릭합니다.

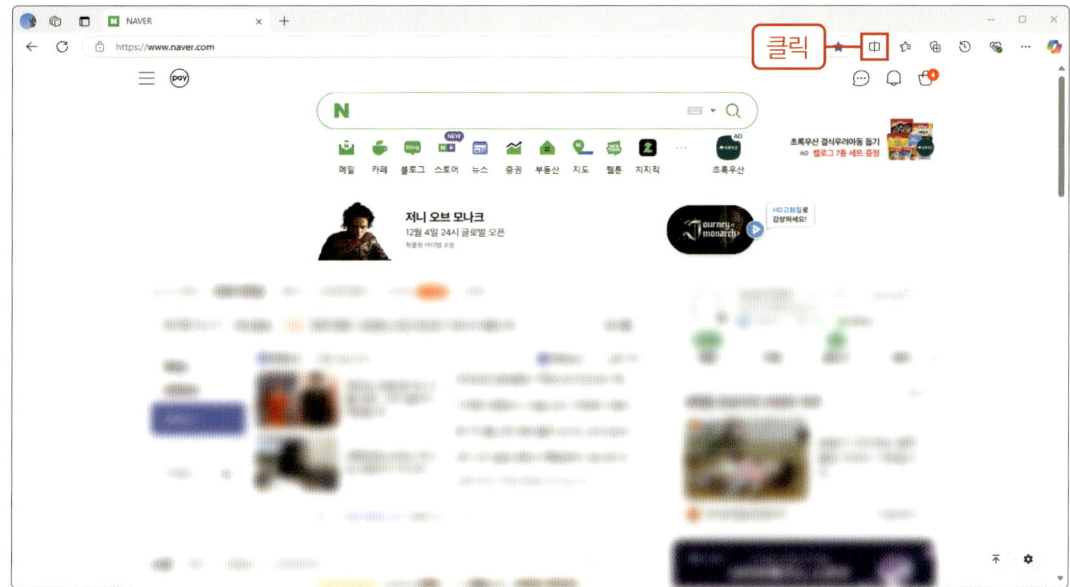

② 화면이 분할되며 새로운 탭이 나타나면 새로운 탭을 선택하고 주소 표시줄에 "forever.or.kr"을 입력하여 포에버 마우스 연습 사이트에 접속합니다.

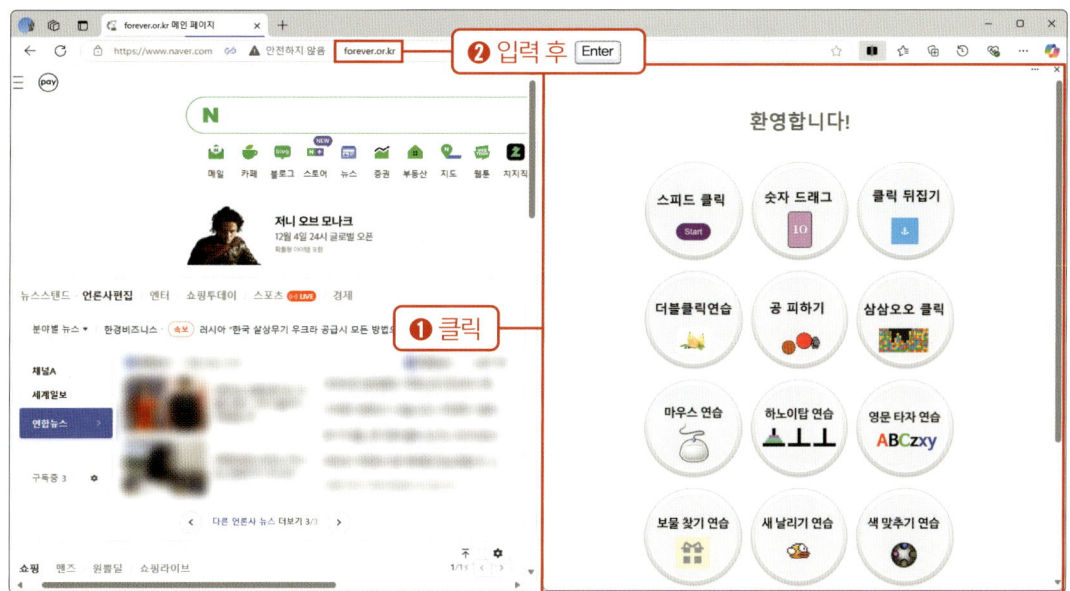

❸ 원하는 마우스 연습 게임을 선택하여 마우스 연습을 진행해 봅니다.

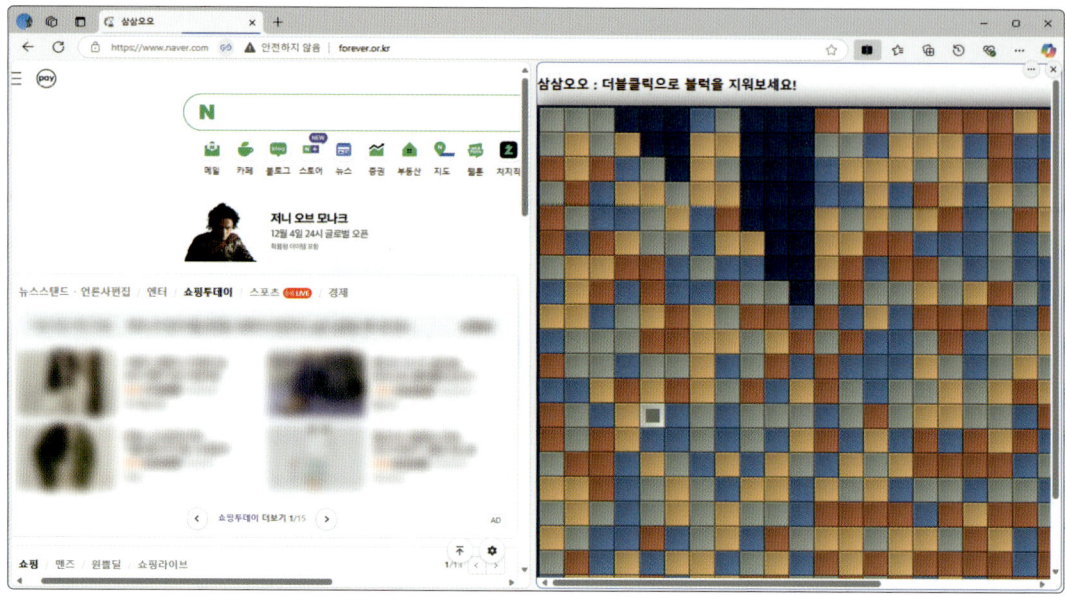

❹ 분할 화면을 종료하려면 종료할 탭을 선택하고 [닫기(✖)]를 클릭하거나 [분할 화면(⊞)]을 다시 클릭합니다.

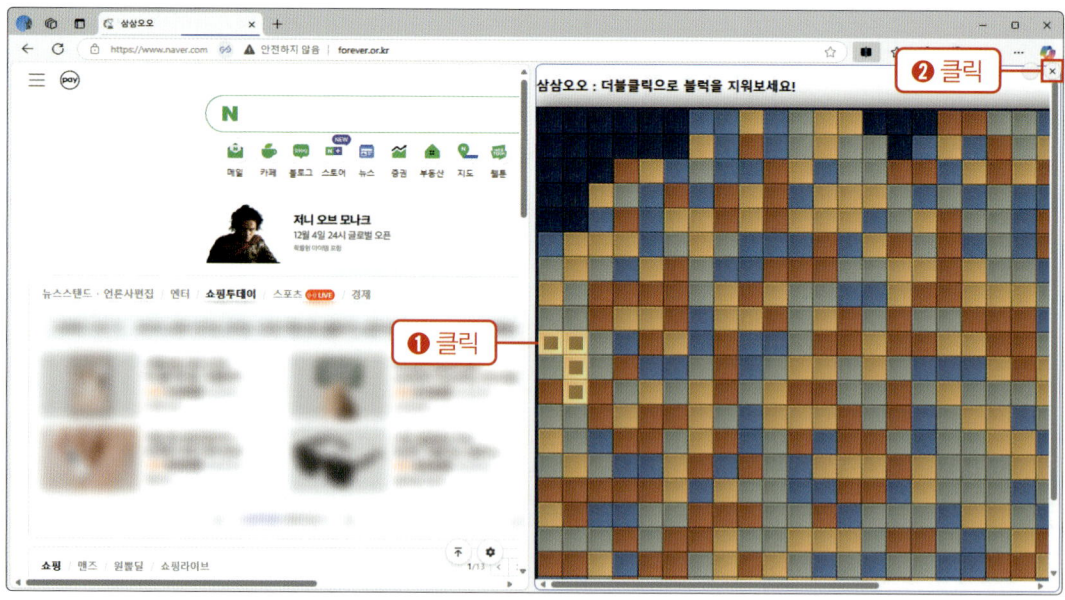

미션 4 배운 내용을 확인해 보아요.

1 다음 중 윈도우 11의 기본 웹 브라우저로 설정된 브라우저의 로고는 무엇일까요?

①   ②

③   ④

2 다음 엣지 브라우저의 도구와 기능을 올바르게 연결해 보세요.

| 새로 고침 | ● | ● | 접속된 사이트의 제목이 표시됩니다. |

| 즐겨찾기 | ● | ● | 현재 보고 있는 사이트의 이전 또는 다음 페이지로 이동합니다. |

| 제목 표시줄 | ● | ● | 현재 페이지를 새로 고침하여 다시 접속합니다. |

| 뒤로/앞으로 | ● | ● | 즐겨찾기 목록을 확인합니다. |

3 다음 중 분할 화면 도구를 이용하면 하나의 창에 몇 개의 화면까지 볼 수 있을까요?

① 2개 ② 3개
③ 4개 ④ 제한 없음

혼자 할 수 있어요!

01 'e학습터(https://cls.edunet.net)'와 '일일수학(https://www.11math.com)' 사이트를 즐겨찾기로 추가해 보세요.

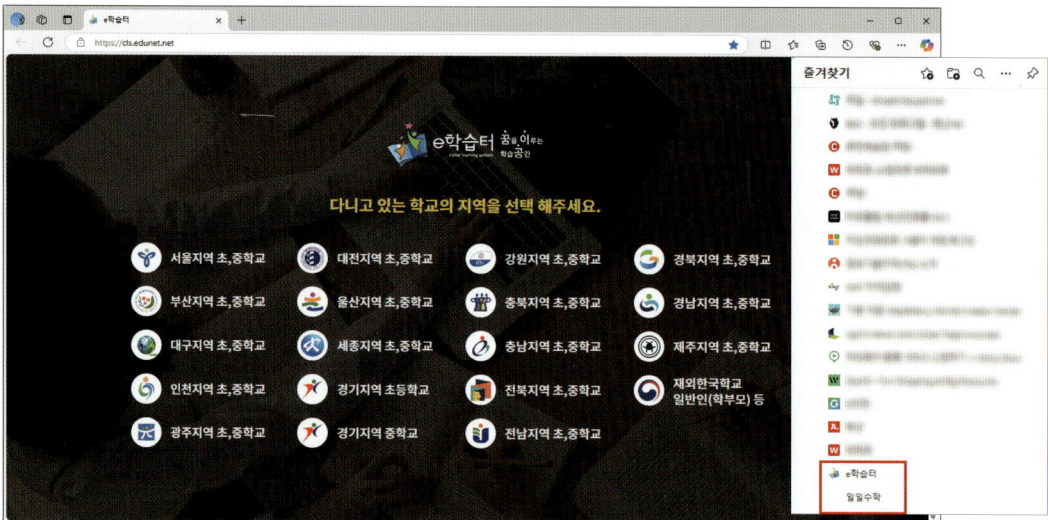

02 분할 화면을 이용하여 'e학습터'와 '일일수학' 사이트를 한 번에 확인해 보세요.

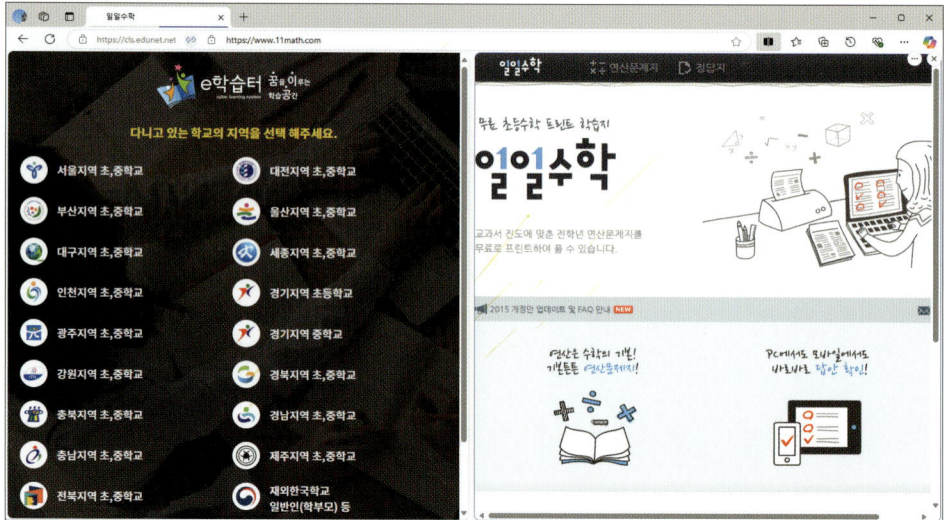

13 쥬니어 네이버 탐험하기

학습목표

- 쥬니어 네이버 터치팡팡으로 집중력을 향상해요.
- 쥬니어 네이버 언어놀이로 언어 능력을 향상해요.
- 쥬니어 네이버 퀴즈왕에서 재미있는 퀴즈를 풀어요.

미션 1   쥬니어 네이버 터치팡팡으로 집중력을 향상해 보아요.

1 [시작(▦)]-[모든 앱]-[Microsoft Edge]를 클릭하거나 바탕화면의 [Microsoft Edge] 아이콘(◉)을 더블클릭하여 마이크로소프트 엣지 브라우저를 실행합니다.

2 '쥬니어 네이버(jr.naver.com)' 사이트에 접속한 후 [카테고리]-[플레이존]-[터치팡팡]을 클릭합니다.

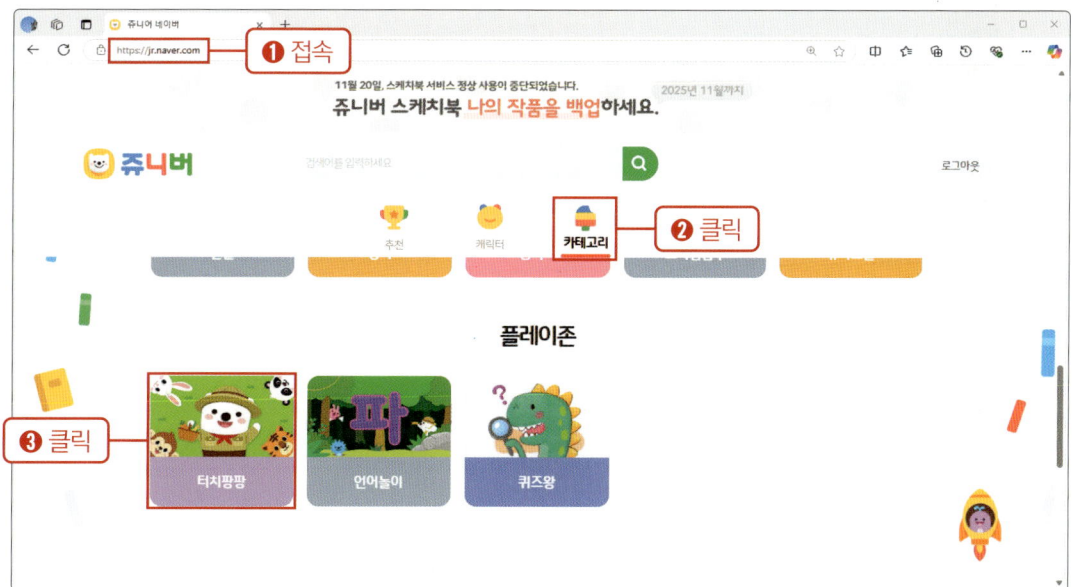

Tip [카테고리] 메뉴를 클릭하고 스크롤바를 아래쪽으로 드래그하여 '터치팡팡'을 클릭해요.

❸ '터치팡팡' 페이지가 나타나면 '쥬니버 마트 놀이'를 클릭합니다.

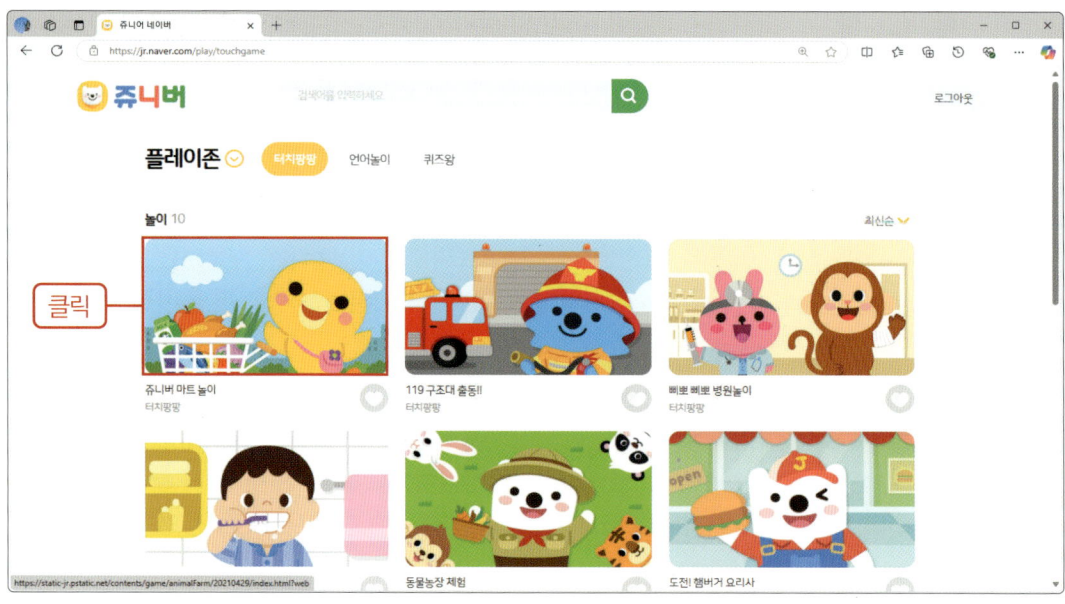

❹ '쥬니버 마트 놀이'가 실행되면 [시작]을 클릭하여 놀이를 진행해 봅니다.

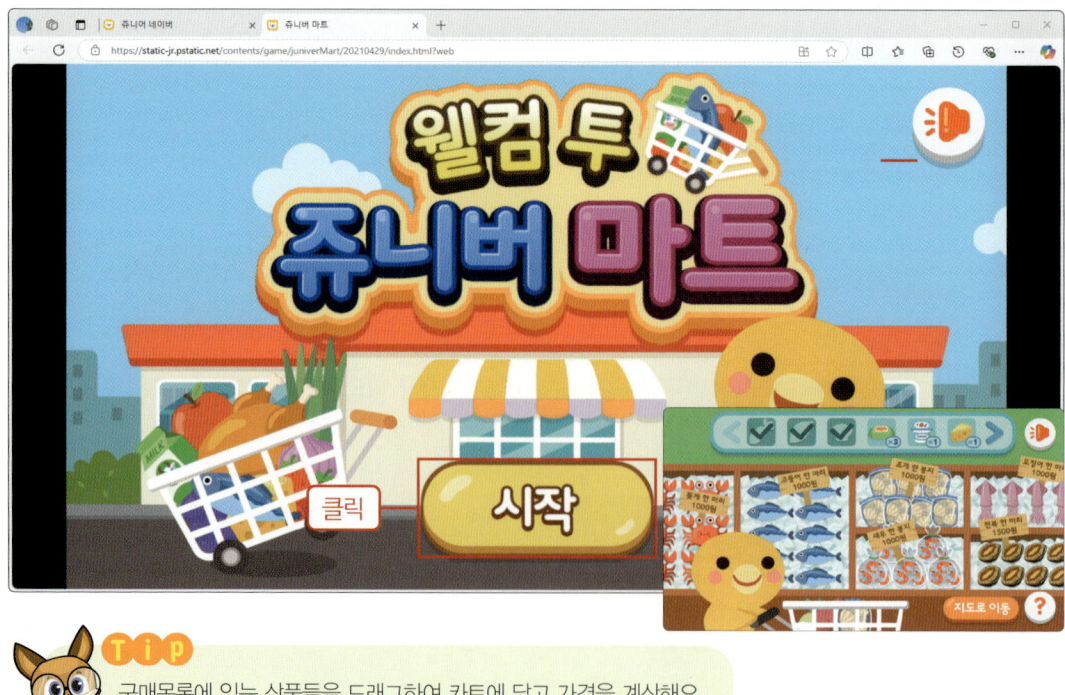

Tip 구매목록에 있는 상품들을 드래그하여 카트에 담고 가격을 계산해요.

 **쥬니어 네이버 언어놀이로 언어 능력을 향상해 보아요.**

① '쥬니버 마트 놀이' 페이지를 닫고 화면 상단의 [언어놀이]를 클릭한 후 '가 (한글) – 산넘고 바다건너 한글탐험'을 클릭합니다.

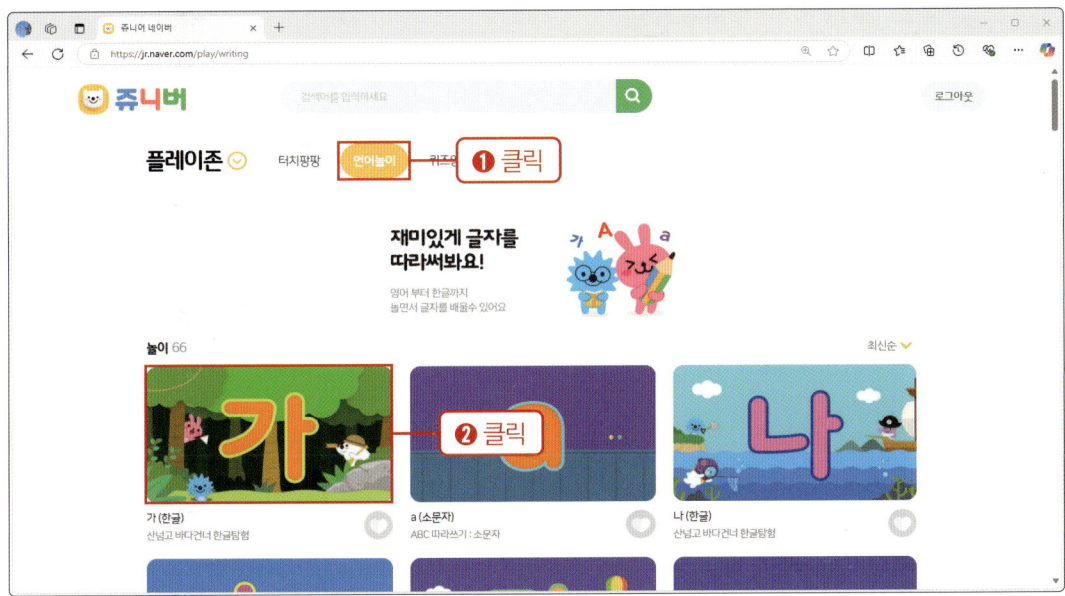

② '산넘고 바다건너 한글탐험' 페이지가 나타나면 [시작]을 클릭하여 놀이를 진행해 봅니다.

Tip 캐릭터를 드래그하여 보석을 획득하며 글자 쓰기 놀이를 진행해요.

미션 3 쥬니어 네이버 퀴즈왕에서 재미있는 퀴즈를 풀어 보아요.

① '산넘고 바다건너 한글탐험' 페이지를 닫고 화면 상단의 [퀴즈왕]을 클릭한 후 '공룡퀴즈'를 클릭합니다.

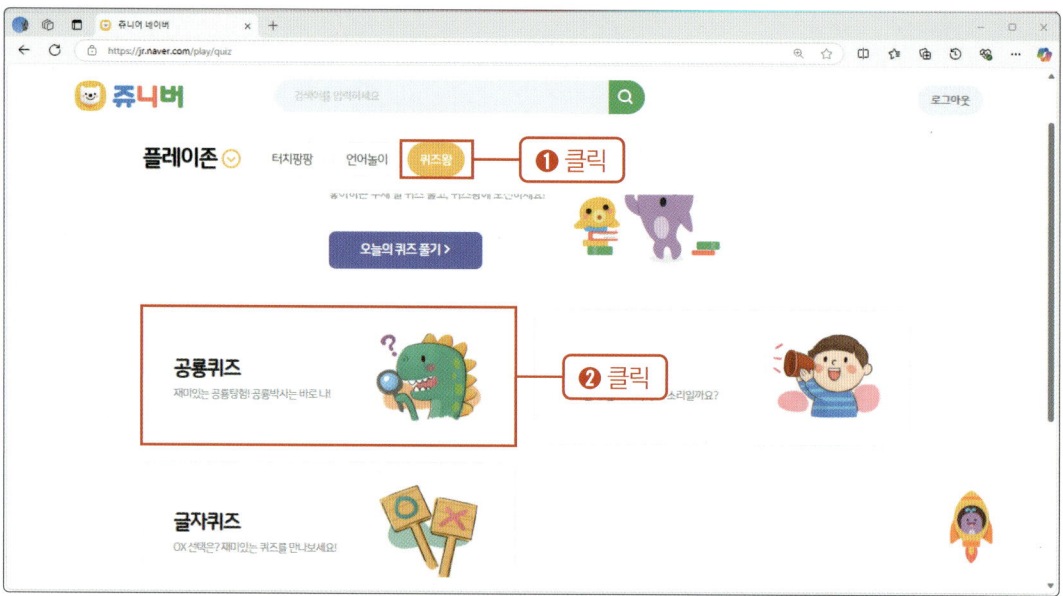

② 퀴즈가 나타나면 공룡과 관련된 퀴즈를 풀어 봅니다.

 **미션 4** 배운 내용을 확인해 보아요.

1 다음 중 쥬니어 네이버에 대한 설명으로 옳은 것을 모두 골라 보세요.

① 쥬니어 네이버는 친구들과 채팅을 하는 웹사이트다.
② 쥬니어 네이버는 온라인 쇼핑을 하는 웹사이트다.
③ 쥬니어 네이버에서는 놀이를 하며 언어 능력을 향상시킬 수 있다.
④ 쥬니어 네이버에서는 재미있는 동화와 애니메이션을 감상할 수 있다.

2 다음 중 공룡에 대한 다양한 퀴즈를 풀어볼 수 있는 메뉴는 무엇일까요?

❶  터치팡팡

❷  언어놀이

❸ 퀴즈왕

❹  만화동영상

혼자 할 수 있어요!

01 쥬니어 네이버 홈페이지에서 '인기동요'를 감상해 보세요.

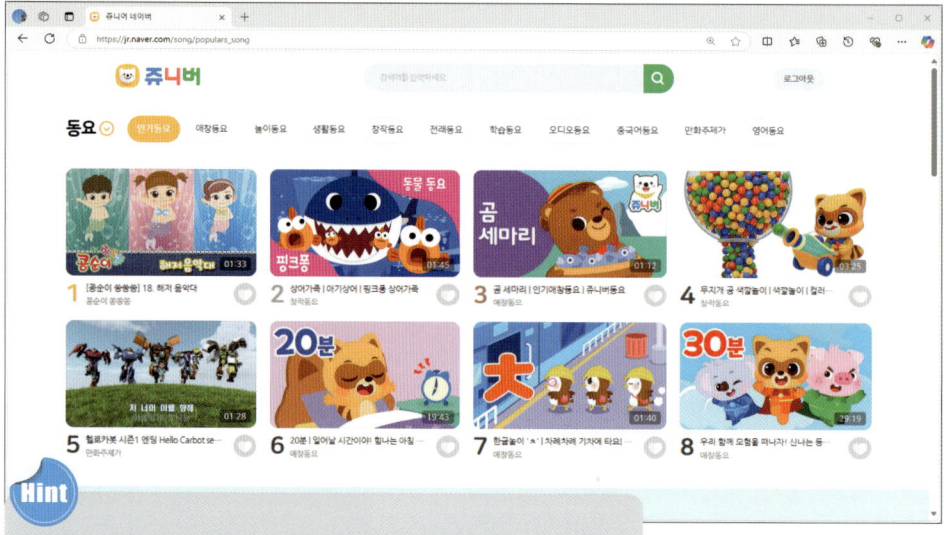

Hint [카테고리]-[동요]-[인기동요]를 클릭하고 원하는 동요를 선택해 보세요.

02 쥬니어 네이버 홈페이지에서 '전래동화'를 감상해 보세요.

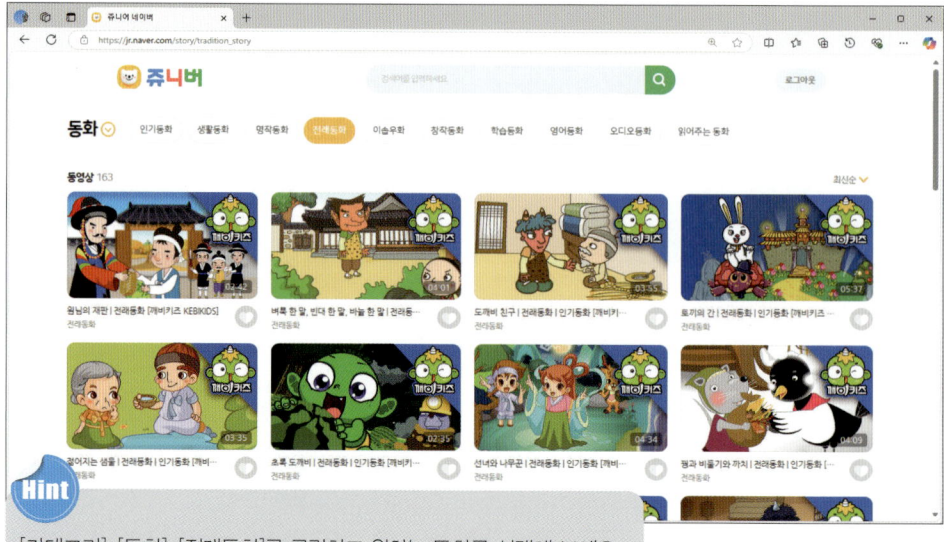

Hint [카테고리]-[동화]-[전래동화]를 클릭하고 원하는 동화를 선택해 보세요.

14 원하는 이미지로 배경화면 만들기

- 엣지 브라우저에서 이미지를 검색해요.
- 이미지를 저장하고 바탕화면의 배경으로 설정해요.

미션 1 엣지 브라우저를 실행하고 이미지를 검색해 보아요.

① [시작(■)]-[모든 앱]-[Microsoft Edge]를 클릭하거나 바탕화면의 [Microsoft Edge] 아이콘(●)을 더블클릭하여 마이크로소프트 엣지 브라우저를 실행합니다.

② '구글(www.google.com)' 사이트에 접속한 후 검색창에 "마인크래프트 배경화면"을 입력하고 Enter 를 누릅니다.

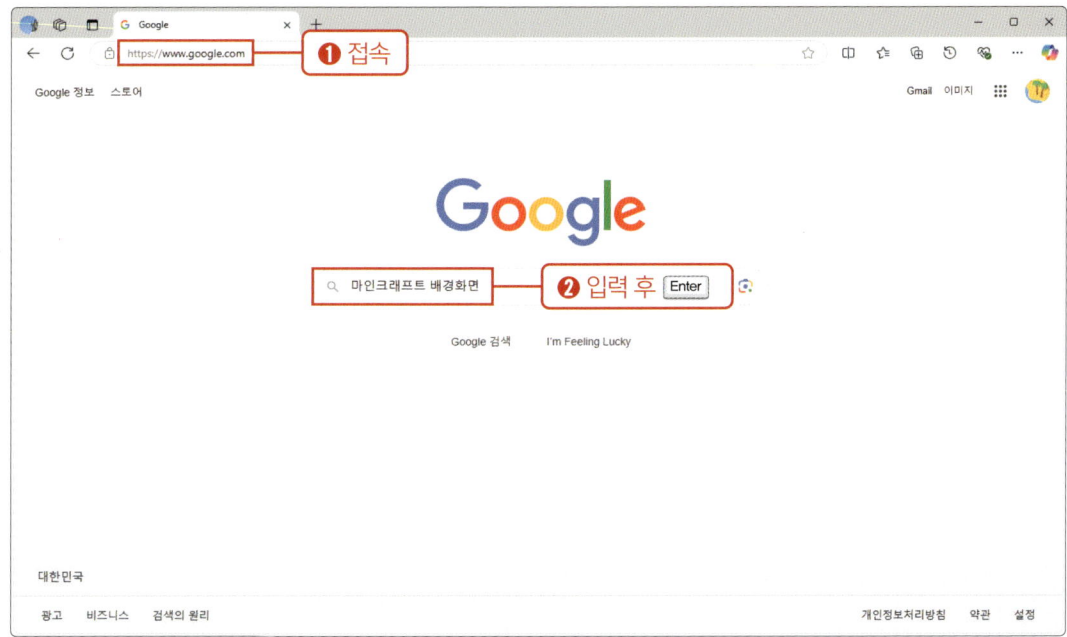

 **미션 2** 이미지를 저장하고 바탕화면의 배경으로 설정해 보아요.

① 검색 결과가 나타나면 [이미지]를 클릭합니다. 원하는 이미지를 선택한 후 마우스 오른쪽 단추를 클릭하고 [다른 이름으로 사진 저장]을 클릭합니다.

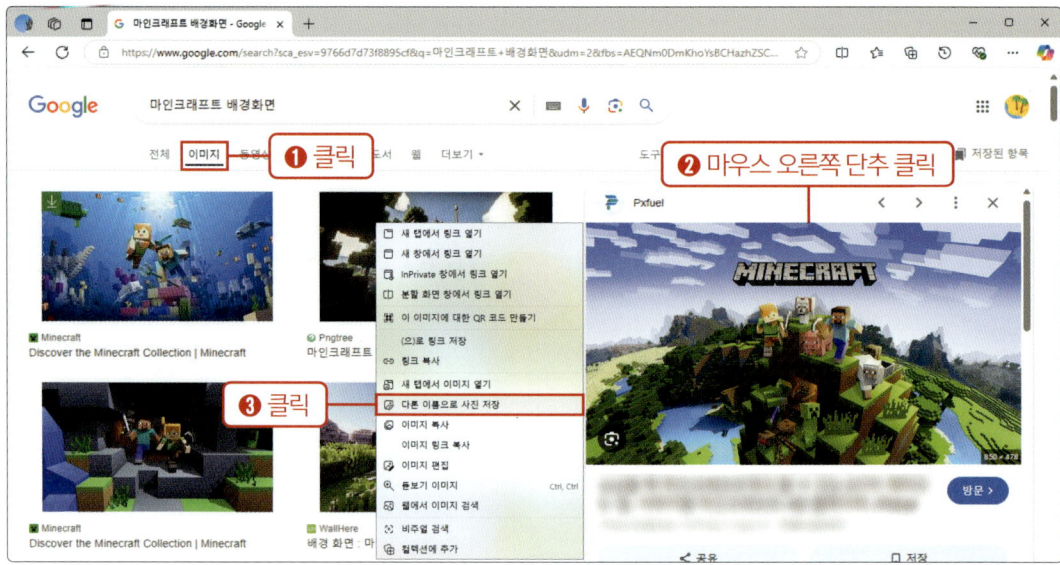

② [다른 이름으로 저장] 대화상자가 나타나면 저장 위치와 파일명을 입력한 후 [저장] 단추를 클릭합니다.

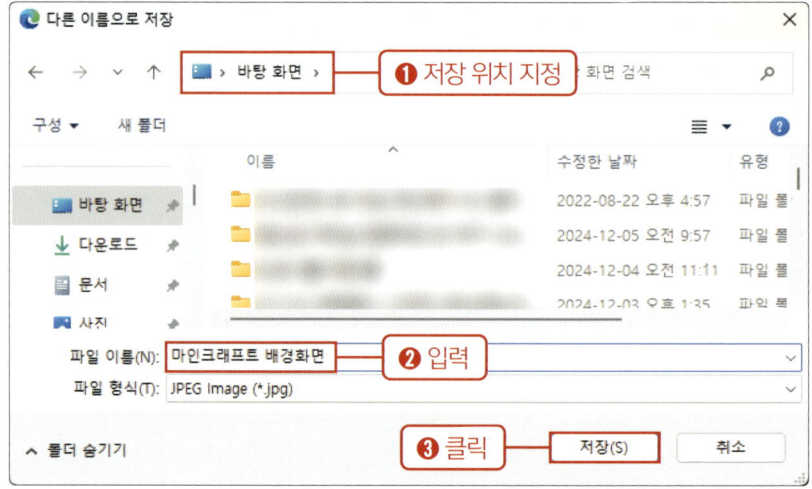

③ 이미지가 저장된 위치로 이동하여 이미지 파일을 선택한 후 마우스 오른쪽 단추를 클릭합니다.

④ 바로가기 메뉴가 나타나면 [바탕 화면 배경으로 설정]을 클릭합니다.

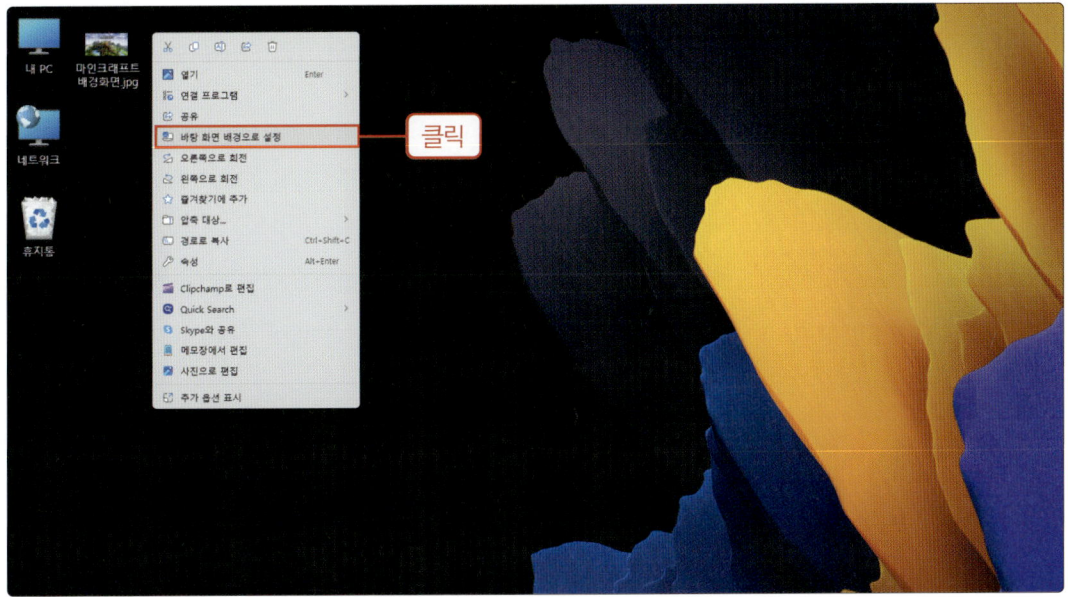

⑤ 바탕화면의 배경이 앞서 저장한 이미지로 변경된 모습을 확인합니다.

 **미션 3** 배운 내용을 확인해 보아요.

1 인터넷 사이트 이름과 로고를 올바르게 연결해 보세요.

Google •   • 쥬니어 네이버

NAVER •   • 구글

 •   • 네이버

2 인터넷 검색 엔진에서 이미지를 검색하려면 다음 중 어떤 카테고리를 선택해야 할까요?
① 블로그   ② 이미지
③ 카페   ④ 동영상

3 다음 중 구글에서 검색한 이미지를 저장하려고 할 때 사용해야 하는 메뉴는 무엇일까요?
① 링크 복사   ② 다른 이름으로 사진 저장
③ 컬렉션에 추가   ④ 새 탭에서 이미지 열기

4 인터넷에서 검색한 이미지를 바탕화면의 배경으로 지정하려면 어떻게 해야 할까요?
① 배경으로 지정할 이미지를 더블클릭합니다.
② 배경으로 지정할 이미지를 바탕화면으로 드래그합니다.
③ 배경으로 지정할 이미지를 저장하고 저장한 이미지를 마우스 오른쪽 단추로 클릭한 후 '바탕 화면 배경으로 설정'을 클릭합니다.
④ 배경으로 지정할 이미지를 저장하고 저장한 이미지를 마우스 오른쪽 단추로 클릭한 후 '즐겨찾기에 추가'를 클릭합니다.

혼자 할 수 있어요!

01 '네이버(www.naver.com)' 사이트에 접속하여 '미니언즈 배경화면' 이미지를 검색하고 원하는 이미지를 저장해 보세요.

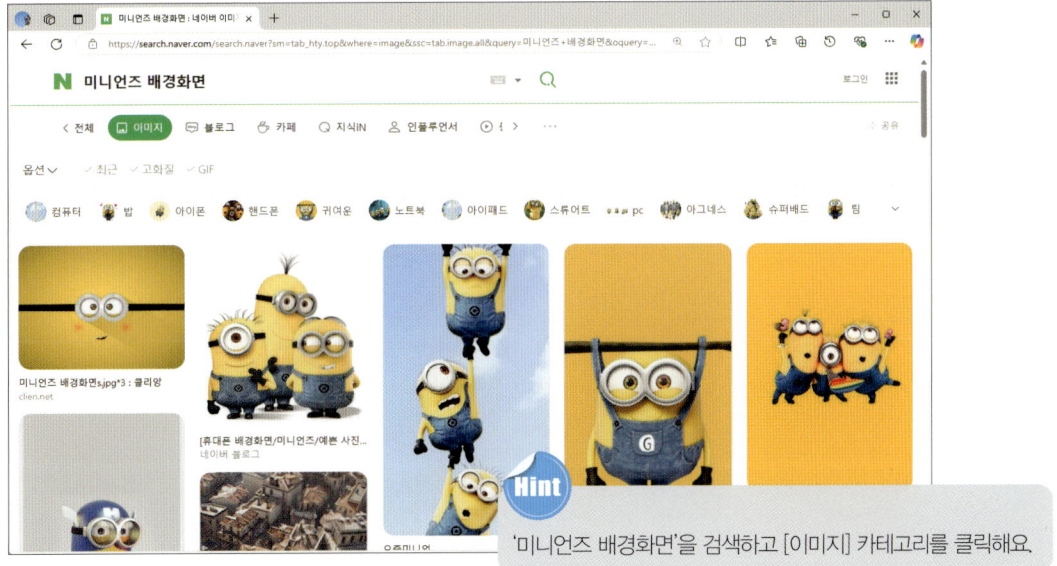

Hint '미니언즈 배경화면'을 검색하고 [이미지] 카테고리를 클릭해요.

02 저장한 이미지를 바탕화면의 배경으로 설정해 보세요.

15 캡처 도구 이용하기

학습목표

- 엣지 브라우저에서 동영상을 검색해요.
- 캡처 도구를 이용하여 동영상을 캡처해요.
- 캡처한 동영상을 미디어 플레이어로 실행해요.

 엣지 브라우저를 실행하고 동영상을 검색해 보아요.

① [시작(⊞)]-[모든 앱]-[Microsoft Edge]를 클릭하거나 바탕화면의 [Microsoft Edge] 아이콘(ⓔ)을 더블클릭하여 마이크로소프트 엣지 브라우저를 실행합니다.

② '네이버(www.naver.com)' 사이트에 접속하여 검색창에 "판다"를 입력하고 Enter 를 누릅니다.

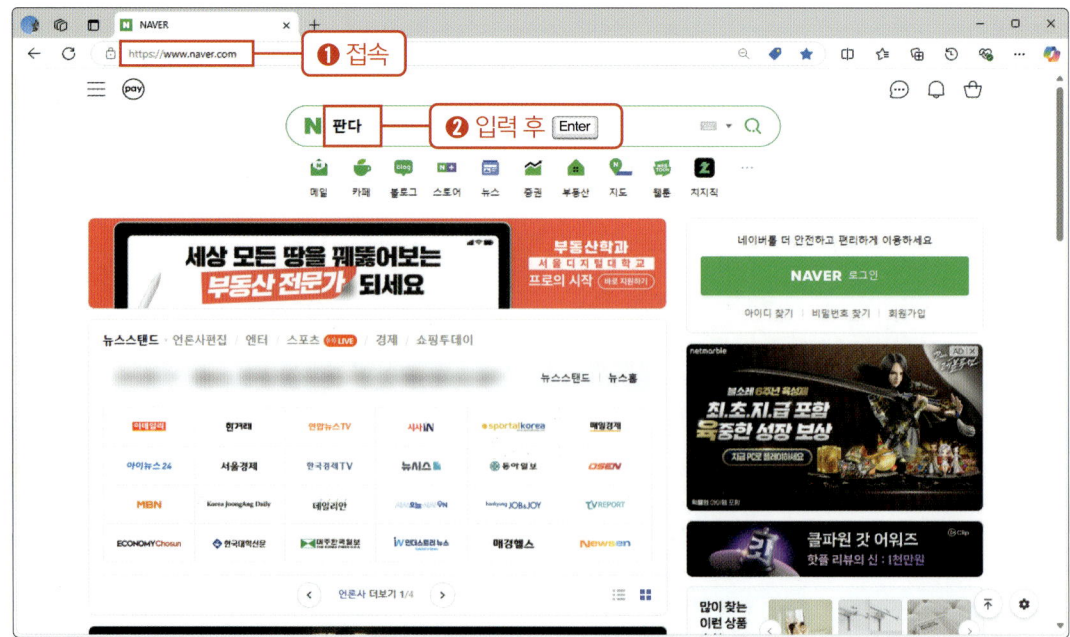

 **캡처 도구를 이용하여 동영상을 캡처해 보아요.**

① 검색 결과가 나타나면 [동영상]을 클릭하고 원하는 동영상을 선택하여 실행한 후 캡처가 필요한 부분에서 [일시 중지(❙❙)] 단추를 클릭합니다.

② [시작(⊞)]-[모든 앱]-[캡처 도구]를 클릭하여 캡처 도구를 실행합니다.

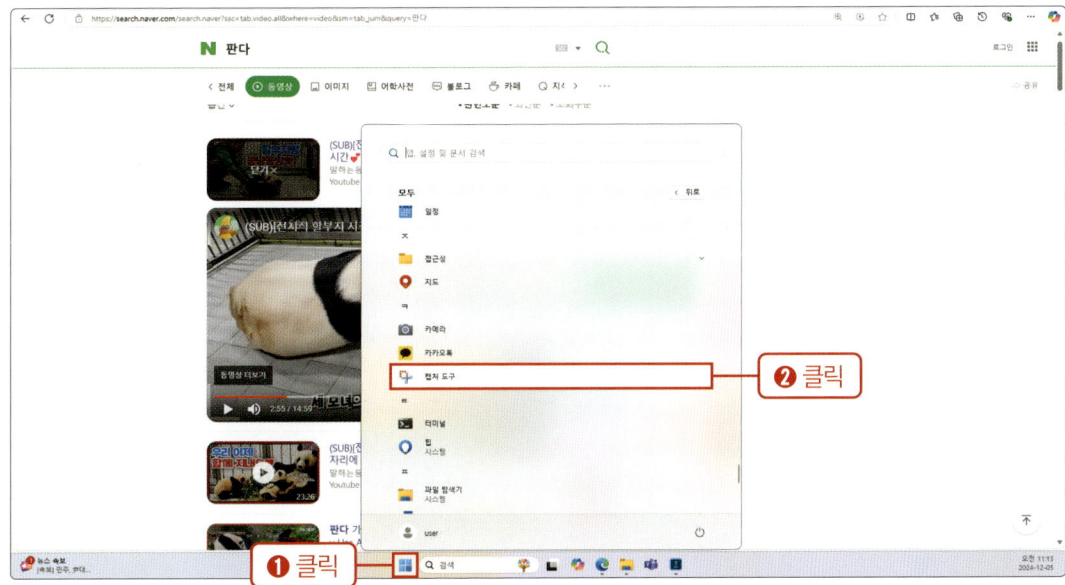

15 • 캡처 도구 이용하기

❸ [녹음(📹)]-[새 캡처]를 클릭하고 캡처할 영역을 지정한 후 [시작]을 클릭하고 동영상을 다시 재생합니다.

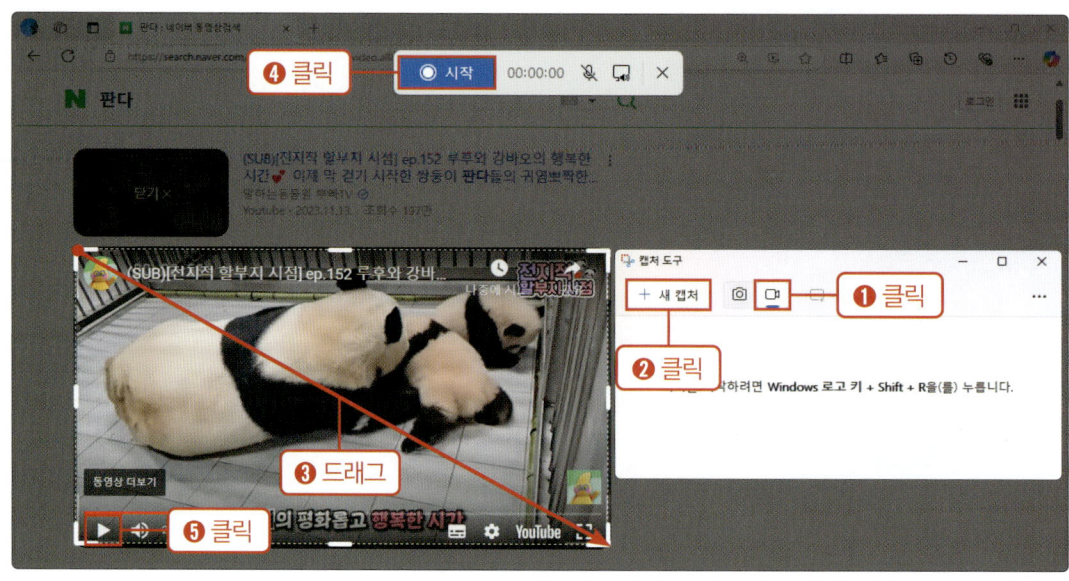

 동영상을 캡처할 때 캡처 영역에 마우스 커서가 위치하면 마우스 커서의 모습도 함께 캡처되므로 캡처 영역 안에 마우스 커서가 위치하지 않도록 주의해요.

❹ [중지(■)]를 클릭하여 캡처를 중지하고 [캡처 도구] 창에 캡처된 동영상이 나타나면 [다른 이름으로 저장(💾)]을 클릭하여 저장합니다.

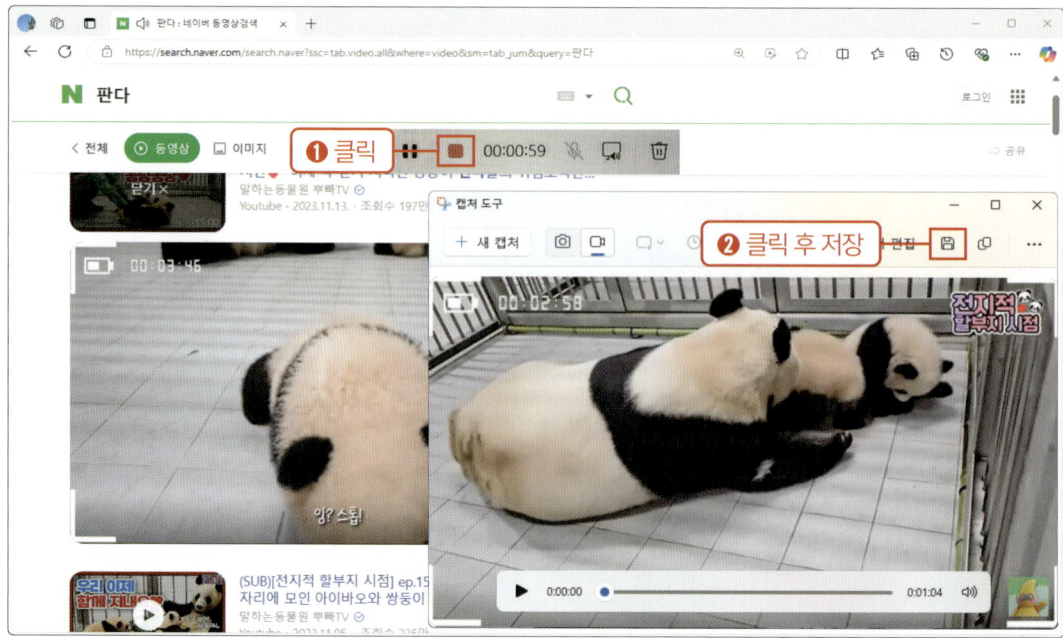

미션 3 캡처한 동영상을 미디어 플레이어로 실행해 보아요.

❶ 저장한 '판다' 동영상을 선택하고 마우스 오른쪽 단추를 클릭한 후 [연결 프로그램]-[미디어 플레이어]를 클릭합니다.

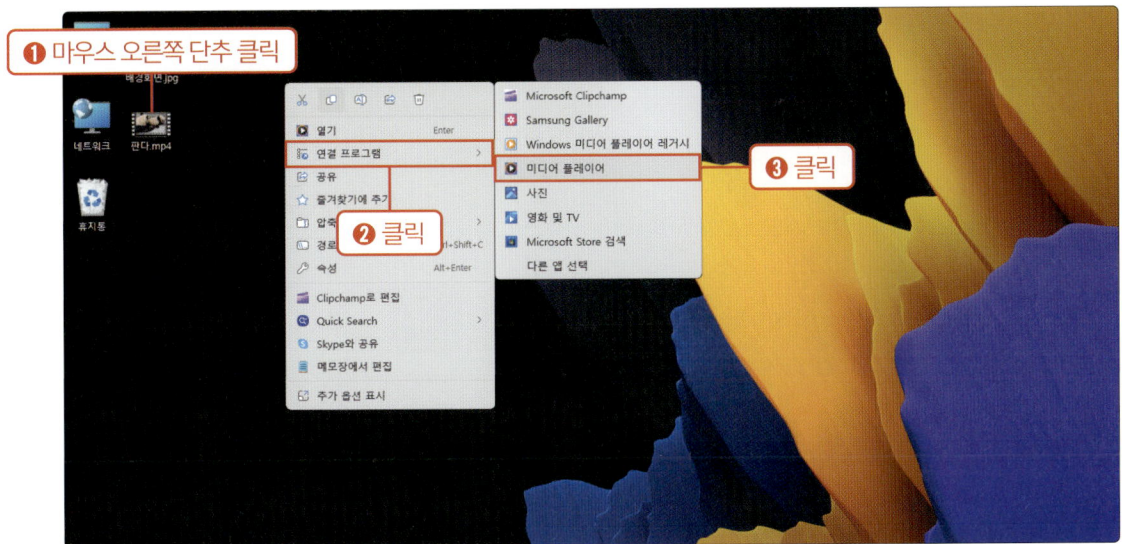

❷ 캡처한 동영상을 감상해 봅니다.

* 출처 : '말하는동물원 뿌빠TV' 유튜브 채널

 **미션 4** 배운 내용을 확인해 보아요.

1 인터넷 검색 엔진에서 동영상을 검색하려면 다음 중 어떤 카테고리를 선택해야 할까요?
① 블로그 ② 이미지
③ 카페 ④ 동영상

2 다음 중 동영상을 캡처하기 위해 사용하는 앱은 무엇일까요?
① ②
③ ④

3 다음 중 동영상을 감상하기 위해 사용하는 앱은 무엇일까요?
① ②
③ ④

4 다음 중 동영상을 일시 중지할 때는 어떻게 해야 할까요?
① ▶를 클릭하여 일시 중지합니다.
② ⏸를 클릭하여 일시 중지합니다.
③ 🔊를 클릭하여 일시 중지합니다.
④ ⛶를 클릭하여 일시 중지합니다.

15 혼자 할 수 있어요!

01 '네이버(www.naver.com)' 사이트에서 '핑크퐁' 동영상을 검색해 보세요.

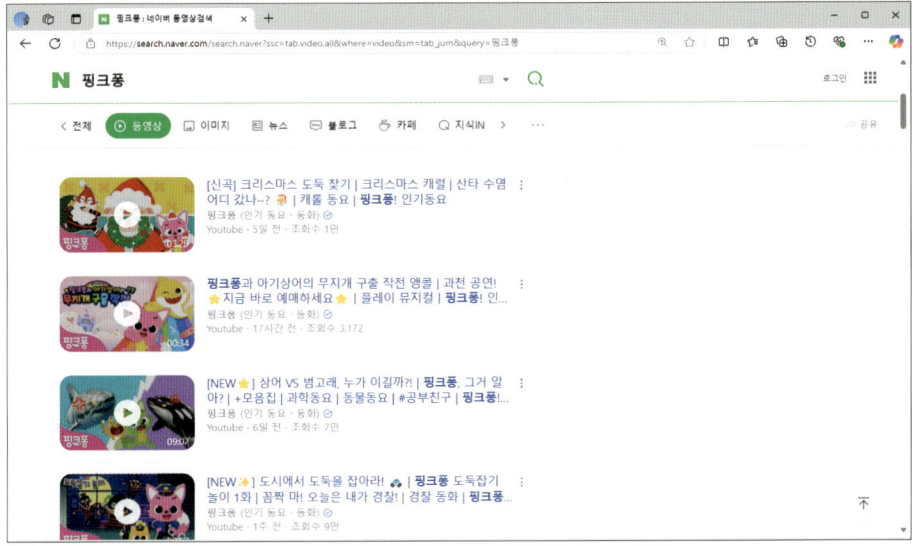

02 캡처 도구를 활용하여 핑크퐁 동영상을 캡처하고 미디어 플레이어로 감상해 보세요.

* 출처 : '핑크퐁 (인기 동요·동화)' 유튜브 채널

16 오토드로우로 그림 그리기

학습목표
- 오토드로우 사이트에 접속해요.
- 자동 그리기 도구로 그림을 그려요.
- 그림에 색을 채워 작품을 완성해요.

▶ 완성 파일 : 16강 완성.png

미션 1 오토드로우 사이트에 접속해 보아요.

① [시작()]-[모든 앱]-[Microsoft Edge]를 클릭하거나 바탕화면의 [Microsoft Edge] 아이콘(🌐)을 더블클릭하여 마이크로소프트 엣지 브라우저를 실행합니다.

② '오토드로우(autodraw.com)' 사이트에 접속한 후 [Start Drawing] 단추를 클릭하여 오토드로우를 실행합니다.

 **자동 그리기 도구로 그림을 그려 보아요.**

① 화면 왼쪽에서 [AutoDraw(　)] 도구를 클릭하고 캔버스에서 마우스를 드래그하여 그림과 같이 달 모양을 그린 후 상단에 나타난 그림들 중 원하는 그림을 선택합니다.

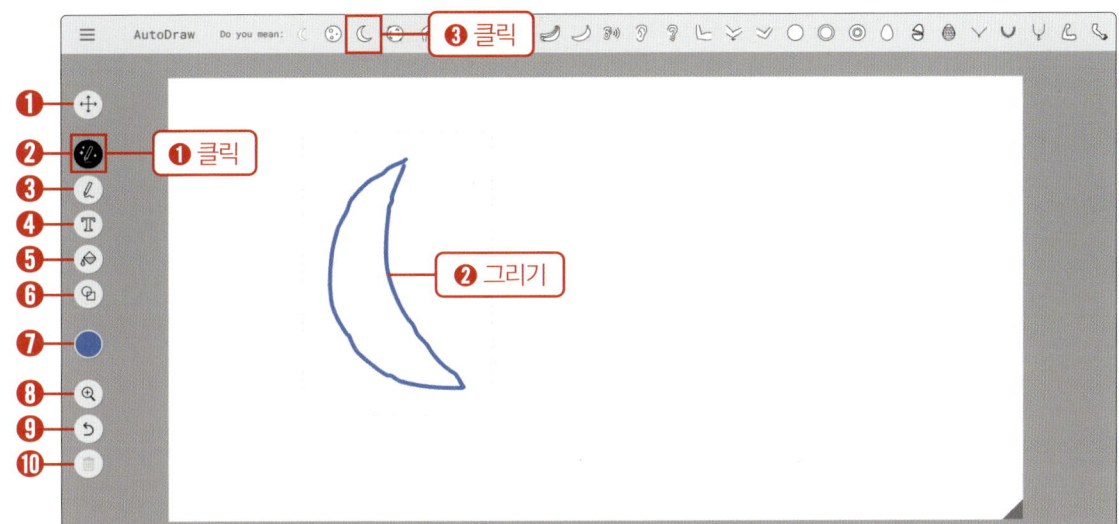

❶ Select(선택) : 선택 후 이동, 크기 조정, 삭제 등의 작업을 수행할 수 있습니다.
❷ AutoDraw(자동 그리기) : AI가 그린 그림을 파악하여 더 나은 그림으로 변환해 줍니다.
❸ Draw(그리기) : 캔버스에 자유롭게 그림을 그릴 수 있습니다.
❹ Type(텍스트) : 텍스트를 입력할 수 있습니다.
❺ Fill(채우기) : 도형이나 선택한 영역에 색을 채울 수 있습니다.
❻ Shape(모양) : 사각형, 원, 삼각형 등 다양한 기본 도형을 그릴 수 있습니다.
❼ 색 : 다양한 색상을 선택하여 그림에 적용할 수 있습니다.
❽ zoom(확대/축소) : 캔버스를 확대하거나 축소하여 세밀한 작업을 할 수 있습니다.
❾ Undo(실행 취소) : 현재 실행된 작업 이전 단계로 되돌립니다.
❿ Delete(삭제) : 선택한 도형이나 이미지를 삭제할 수 있습니다.

❷ [Select(✢)] 도구를 클릭하고 그림과 같이 크기, 방향, 위치를 조절합니다.

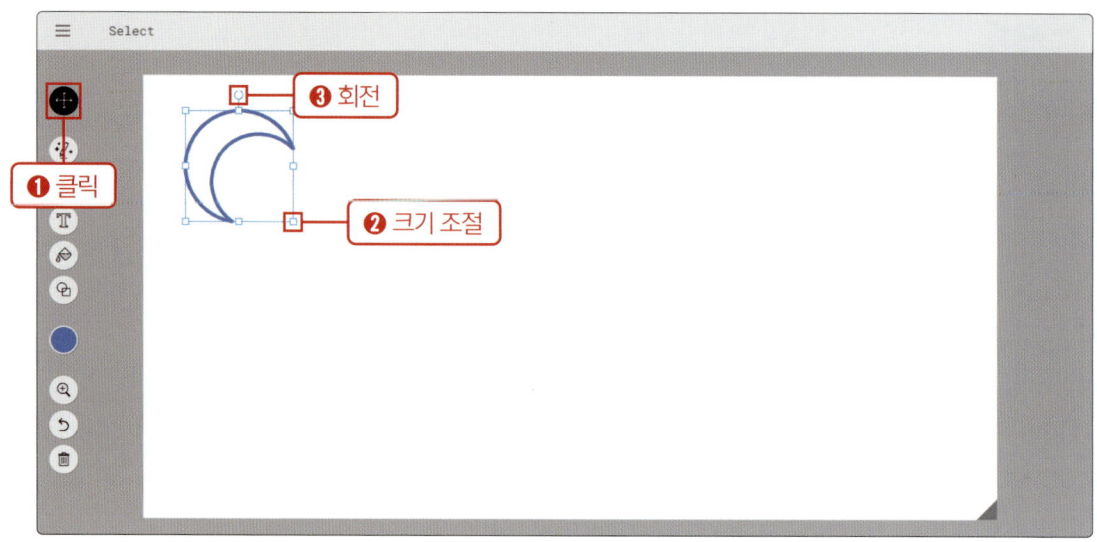

❸ ❶~❷와 같은 방법으로 자유롭게 그림을 그리고 크기, 방향, 위치를 조절하여 그림과 같은 작품을 만들어 봅니다.

 **그림에 색을 채워 작품을 완성해 보아요.**

① 윤곽선 색을 변경하기 위해 [Select(✣)] 도구를 클릭하여 '달'을 선택한 후 [색(●)] 도구를 클릭하고 '검정'을 선택합니다.

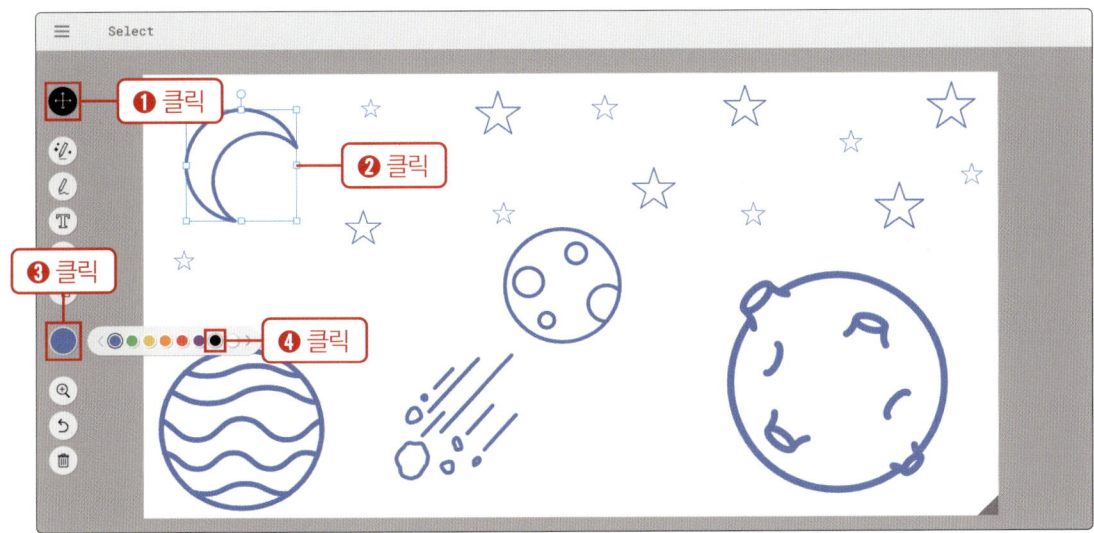

② 색을 채우기 위해 [Fill(◈)] 도구를 선택한 후 [색(●)] 도구를 클릭하여 원하는 색상을 선택하고 색을 채울 부분을 클릭합니다.

3 **①**~**②**와 같은 방법으로 윤곽선 색과 채우기 색을 적용하여 작품을 완성합니다.

4 [메뉴(☰)]-[Download]를 클릭하여 완성된 작품을 다운로드합니다.

 **미션 4** 배운 내용을 확인해 보아요.

선생님 확인
부모님 확인

1 다음 중 오토드로우에 대한 설명으로 옳은 것은 무엇일까요?

① 오토드로우에서는 음악을 만들 수 있습니다.
② 오토드로우에서는 그림을 그릴 수 있습니다.
③ 오토드로우에서는 글자를 번역할 수 있습니다.
④ 오토드로우에서는 게임을 만들 수 있습니다.

2 오토드로우의 각 도구에 맞는 기능을 선으로 연결해 보세요.

AutoDraw	•	•	개체에 색을 채웁니다.
Fill	•	•	그림을 그리면 AI가 그림을 변환해 줍니다.
Select	•	•	도형을 그립니다.
Shape	•	•	개체를 선택합니다.

16   혼자 할 수 있어요!

• 완성 파일 : 16강 미션 완성.png

01 오토드로우에서 그림과 같이 그림을 그려 보세요.

Hint [AutoDraw] 도구를 사용하여 그림을 완성도 있게 변경해 보세요.

02 윤곽선 색과 채우기 색을 변경하여 그림과 같이 작품을 완성해 보세요.

01  솜씨 어때요?

01 사진 앱에서 예제 파일을 불러와 필터와 변경 내용 도구를 이용하여 그림과 같이 꾸며 보세요.

- 예제 파일 : 솜씨01_예제1.jpg
- 완성 파일 : 솜씨01_완성1.jpg

필터 : B&W

02 사진 앱에서 예제 파일을 불러와 배경과 변경 내용 도구를 이용하여 그림과 같이 꾸며 보세요.

- 예제 파일 : 솜씨01_예제2.jpg
- 완성 파일 : 솜씨01_완성2.jpg

배경 : 바꾸기

솜씨 어때요?

01 메모장에서 문자표와 한자를 입력하여 그림과 같이 사자성어를 꾸며 보세요.

• 완성 파일 : 솜씨02_완성1.txt

02 메모장에서 문자표와 한자를 입력하여 그림과 같이 사자성어를 꾸며 보세요.

• 완성 파일 : 솜씨02_완성2.txt

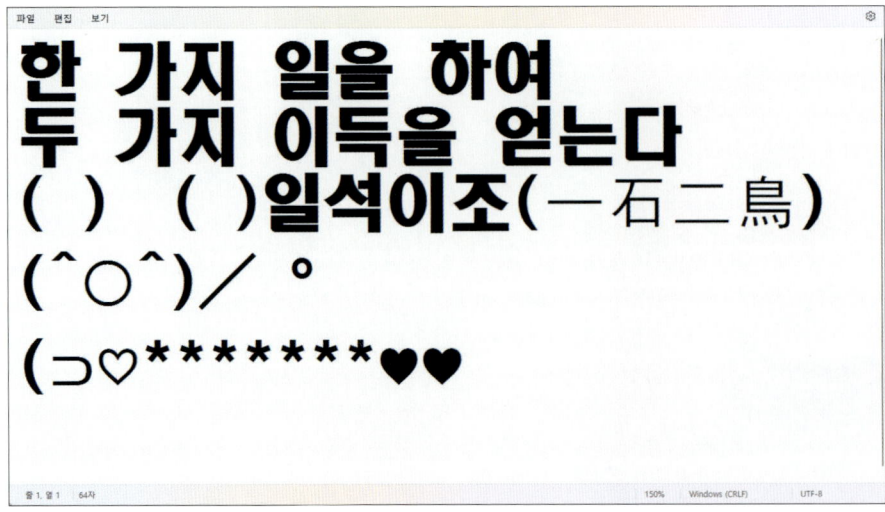

03  솜씨 어때요?

01 마이크로소프트 엣지 브라우저를 실행한 후 구글(www.google.com) 사이트에 접속하고 '고양이' 이미지를 다운로드하여 바탕화면의 배경으로 설정해 보세요.

02 마이크로소프트 엣지 브라우저를 실행한 후 구글(www.google.com) 사이트에 접속하고 '판다' 이미지를 다운로드하여 바탕화면의 배경으로 설정해 보세요.

01 오토드로우(autodraw.com) 사이트에 접속한 후 다양한 과일을 그려 보세요.

02 과일에 자유롭게 색을 적용하여 작품을 완성해 보세요.

05 솜씨 어때요?

01 계산기를 이용하여 ❶과 ❷에 들어갈 숫자를 계산해 보세요.

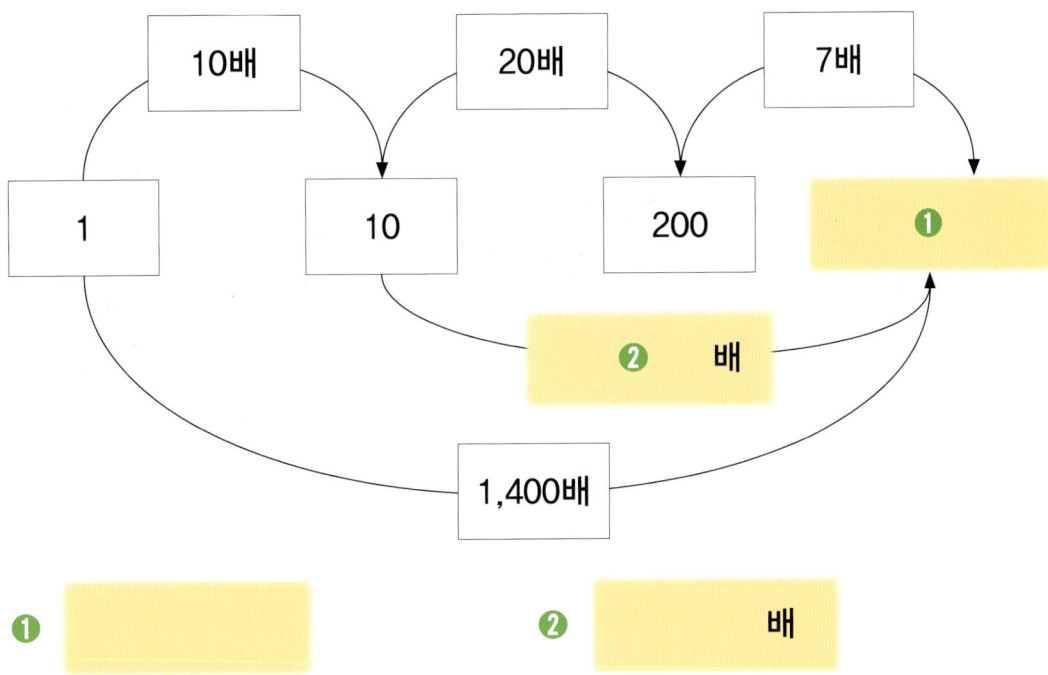

❶ _____   ❷ _____ 배

02 계산기를 이용하여 10을 만들기 위해 빈칸에 들어갈 숫자를 계산해 보세요.

2 + ____ + 3 = 10

1 + ____ + 3 = 10

8 − 2 + ____ = 10

06 솜씨 어때요?

• 완성 파일 : 솜씨06 완성.jpg

01 그림판에서 자유롭게 그림을 그린 후 이미지 파일을 저장해 보세요.

02 저장한 이미지를 바탕화면의 배경으로 적용해 보세요.

데스크톱 이미지에 맞게 선택 : 채우기

07

01 마이크로소프트 엣지 브라우저를 실행한 후 공룡타자연습(www.dino-typing.com) 사이트에 접속해 보세요.

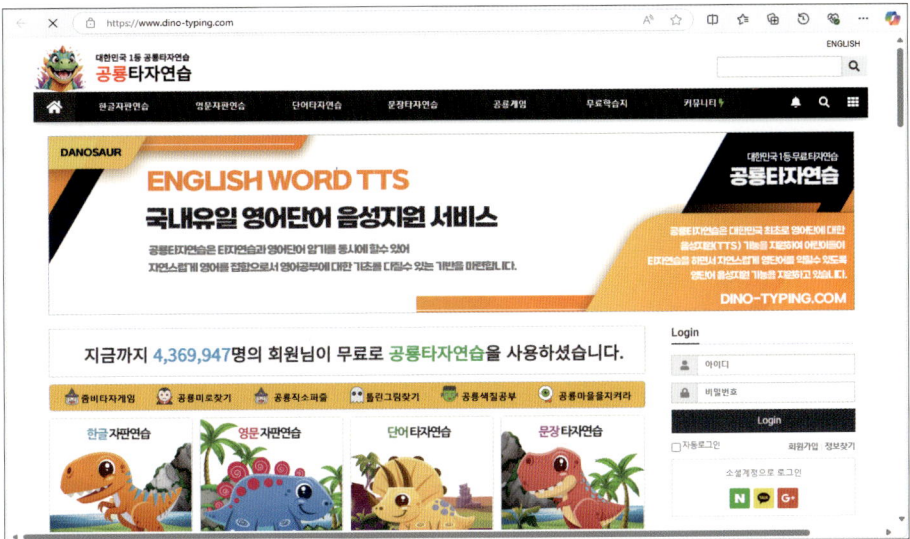

02 [공룡게임]-[온라인 색칠공부]를 클릭하여 자유롭게 색칠 공부를 해보세요.

08 솜씨 어때요?

01 네이버(www.naver.com) 사이트에서 '장난감 소개 영상'을 검색하고 캡처 도구를 활용하여 동영상을 캡처해 미디어 플레이어에서 감상해 보세요.

Hint 검색창에 '장난감 소개 영상'을 검색하고 [동영상] 카테고리를 선택해요.

＊출처 : 'ROOKIEMING 루키밍' 유튜브 채널

02 네이버(www.naver.com) 사이트에서 '케이크 만들기 영상'을 검색하고 캡처 도구를 활용하여 동영상을 캡처해 미디어 플레이어에서 감상해 보세요.

＊출처 : '캐리TV 장난감친구들' 유튜브 채널